Dieter Loboda

Kompass zur Steh-Auf-Mentalität

Dieter Loboda

Kompass zur Steh-Auf-Mentalität

Trainerverlag

Imprint

Cover image: www.ingimage.com

Publisher:
Der Trainerverlag
is a trademark of
International Book Market Service Ltd., member of OmniScriptum Publishing Group
17 Meldrum Street, Beau Bassin 71504, Mauritius

Printed at: see last page
ISBN: 978-620-0-76757-8

Kompass zur Steh-Auf Mentalität

Die Kraft der Resilienz im Bild

Mit Tipps und Tricks zur eigenen Fähigkeit

Dieter Loboda,
fr. med. Journalist
Päd. Psychotherapeut, grad.

Kompass zur Steh - Auf - Mentalität
Resilienz ist die biografisch mehrfach erlebte Widerstandskraft zur Krisenbewältigung

Inhaltsangabe

Seitenzahlen:

**Ein junger neugieriger Indianer fragt seinen weisen Häuptling, wie es kommt, dass viele Menschen unhöflich, frech, zänkisch und ärgerlich seien und warum sie streiten und kämpfen. Andere seien liebevoll,
hilfsbereit und friedlich.**

**Darauf der Häuptling:
"In jedem Menschen wohnen zwei Wölfe, der eine so - der andere das Gegenteil, so wie du gesagt hast. Diese beiden kämpfen miteinander."**

**Darauf der junge Indianer:
„Und wer gewinnt?"**

Antwort des Häuptlings: „Der, den du fütterst."

Inspiration und Lebenswahrheit

Man kann nicht zwei Melonen in einer Hand tragen > Ein Kamel geht langsam, aber dafür Tag und Nacht > Jeder ist klug, der eine vorher, der andere nachher > Armut macht Menschen, Reichtum macht Monster > Geduld bringt Rosen, Ungeduld bringt Neurosen > Läuse und Wanzen gehören auch zum Ganzen > Es ist nie zu spät für eine glückliche Kindheit > Bevor ein Kind Probleme macht, hatte es welche > Intelligent denkt, wer sich nicht auf die Logik verlässt > Wenn ich täte, was ich spräche, stürbe ich als Heiliger > Die Wissenschaft ist stets der aktuelle Stand des Irrtums > Manche tun was sie können, die anderen können was sie tun > Besser den Tagen mehr Leben, als dem Leben mehr Tage geben > Wenn du in deinem Leben einmal wirklich eine helfende Hand benötigst, suche sie vor allem am Ende deines eigenen Armes > Man kann Probleme nicht mit Methoden lösen, durch die sie entstanden sind > Diamanten und Menschen lernt man kennen, wenn man sie aus der Fassung bringt > Pädagogik ist vorweg erbrachte Therapie > Therapie ist nachgeholte Pädagogik > Wir brauchen in unserer heutigen Zeit dringend Ethik, statt Religionen > Wer nach außen schaut, träumt; Wer nach innen blickt erwacht > Um ein Kind zu erziehen, brauchen wir dafür ein ganzes Dorf > Ein Banküberfall ist nichts gegen die Gründung einer Bank > Ein Freund ist, wer dir deine Lebensmelodie vorspielt, wenn du sie selbst schon längst vergessen hast. > Wenn du es eilig hast, dann gehe langsam > Alles wirkliche Leben ist Begegnung > Wenn eine Organisation entwickelt werden soll, muss die Entwicklung organisiert werden.

Paradoxe Gesellschaft

Wir treffen mit unserer Geldwerthaltung ständig falsche Entscheidungen, streben nach Sicherheit, die wir wahrscheinlich nie erreichen werden, wir opfern Freiheit und Selbstbestimmung für höheres Einkommen und kaufen Dinge, die wir nicht brauchen, um Leute zu beeindrucken, die wir nicht mögen, mit Geld, dass wir nicht haben.
(Dr. David Precht, Philosoph, Fachjournalist, Bestseller Buchautor)

Das Geschehen während der Entstehung des Buches

Ausgangssperre, menschenleere Straßen, gespenstisch, ein Spuk. Firmen und Schulen geschlossen. Hamsterkäufe. Grenzen abgeriegelt. Ein Coronavirus beherrscht die Welt. Am 21. März 2020 gibt es 16 300 Infizierte und 44 Verstorbene – eine Sterblichkeitsrate von 0, 27 %. Das rechtfertigt nur deshalb eine Pandemie, weil die WHO den Begriff „schwerste Erkrankungen" aus der Definition „neuer Virustyp und weltweite Ausbreitung", gestrichen hat. Coronaviren hat es immer gegeben, aber es wurde nur auf Influenza getestet. Schuldenbremse ausgesetzt! Handydaten sollen mit Bewegungsprotokollen gespeichert werden! Besuchsverbote für Klinik uns Altenheime. Tatsache ist. Menschen sterben mit Corona, nicht an Corona. Die Angst davor, durch falsche Kommunikation begünstigt, macht die Menschen krank, so nennt es Prof. Dr. Hackertz. - Prof. Lemke erklärt als Psychiater und Psychotherapeut, dass Isolation einsam und krank macht.
Die Alternative Blutplasma auszutauschen, um Antikörper auf Infizierte zu übertragen, wird vernachlässigt. Dr: Herscu, USA.

Was unserer Resilienz *(Steh auf Mentalität)* förderlich ist

Tanzen, Singen, Modellieren, Meditieren, Malen sind Aktivitäten, bei denen man nicht grübeln kann. Das stille, regelmäßige, länger andauernde, langsame und achtsame Begehen des Waldes mit Berührung der Pflanzen und Bäume fördert den Sauerstoff, reguliert den Blutdruck, harmonisiert die Herzfrequenz und stimuliert das Immunsystem. Sinnvoll ist ein Traumtagebuch, um unbewusste Botschaften zu nutzen, weil Träume autonom unsere Psycho regulieren. Außerdem jeden Morgen eine Seite die aktuellen Gedanken aufschreiben. Eine Maßnahme zur Psychohygiene, wie das Musizieren. Es gibt genügend positive Vorbilder der Geschichte und in unseren Märchen, wir müssen sie nur beachten und würdigen.

Vorworte, bevor das Buch für sie beginnt

Wir sind hier, weil es letztlich kein Entrinnen vor uns selbst gibt. Solange der Mensch sich nicht selbst in den Augen und Herzen seiner Mitmenschen begegnet, ist er auf der Flucht. Solange er nicht zulässt, dass Mitmenschen an seinem Innersten teilhaben, gibt es für ihn keine Geborgenheit. Solange er sich fürchtet, durchschaut zu werden, kann er weder sich selbst noch andere erkennen; er wird allein sein. *(R. Beauvais)*

Biographisches über den Autor

Es ist im Oktober 1984, ich erhalte die Urkunde zur Graduierung als Counselor in Humanistischer Psychologie. (Transaktionsanalyse, Gestalt, NLP, TZI). Ich hatte ein Handwerk erlernt, war Zugführer bei der Bundeswehr und Direktor in einem Versicherungskonzern und hatte sieben Jahre Fortbildung abgeschlossen. Anschließend gab es noch Weiterbildungen in Traumanalyse und Hypnotherapie.
Pädagogischer Psychotherapeut, so steht es in der Urkunde.
Warum ich so glücklich über die Urkunde war? - Heute, mit 75 Jahren in 2020, erkenne ich es. Die Ermutigung durch Freunde, vertraute Personen, Chefs, Lehrer und Trainer waren es, die mich eine Kraft spüren lies, die mir, jedenfalls während der entscheidenden Prozesse unbewusst geblieben war.

Zunächst der Reihe nach.
Im letzten Kriegsjahr 1945 im Februar stirbt meine Mutter. Sie ist 29 und das Heilmittel der Amerikaner (Antibiotika) kommt einige Tage zu spät, um ihre TBC zu heilen. Ich kenne meine Mutter nur aus wenigen ungenauen Erzählungen. Verwandte nehmen mich auf und erleichtern meinem Vater, der Züge nach Stalingrad fährt, sein Leben mit meinem älteren Bruder, der zu dem Zeitpunkt fünfjährig ist.

Also lebe ich in dem Glauben meine Pflegepersonen seien meine Eltern und alles schien ganz normal. Volksschule, Gymnasium, Aufwaschen in Kleingartensiedlung mit Hühneraufzucht, Kartoffel- und Gemüseernte . Der Onkel, liebevoll mit den kleinen Kücken auf dem Küchentisch, die unter einer Infrarotlampe schlüpfen und mich gefühlsmäßig anrühren. Ich bin ein Zappelphillipp, so sagen die „großen Leute“ zu mir, kann nicht stillsitzen, bin unruhig. Heute hätte ich eine ADHS Diagnose. Damals wurde ich ruhiger vor einem Aquarium mit Zierfischen und einer Begegnung, die ich niemals vergessen habe. Die Begegnung mit dem Rotkehlchen, einem scheuen, zarten und flinken wilden Singvogel.
In der damals üblichen Wohnküche der Gebäude des Eisenbahnerbauvereins gab es unterhalb des Fensters nach hinten zum Hof mit Hühnerstall, einen eingebauten Kasten für die großen Töpfe und Pfannen, den Einweckkessel. So ergab sich eine recht große Arbeitsfläche, größer als die normale Fensterbank sie hätte ermöglicht. Außen unterhalb des Fensters steckte eine Fahnenstange, die zur Beflaggung am Himmelsfahrtstag genutzt wurde.
Es ist ein Wintertag und die Fahnenstange ist grau weis gefroren. Es sind ca. 6 Grad minus. In den nicht geheizten Zimmern wind manchmal Eisblumen zu sehen. Der Kohleofen mit den Eisenringen bringt die Wärme mit dem langen silbernen Ofenrohr in die Wohnküche. Von draußen hören wir das typische freche Pipen des Rotkehlchen, das mit jedem Ton mit seinem Körper zu wippen beginnt. Die ersten Male renne ich ungeduldig zum Fenster und ehe ich mich versehe, fliegt es davon. Enttäuscht muss ich wieder am Tisch still sitzen....Das Rotkehlchen bleibt aber nicht weg, sondern kommt regelmäßig zurück auf die Fahnenstande – wippt.

Da haben die Pflegeeltern eine grandiose Idee. Sie verpflichten mich zum absoluten Stillsitzen, zum Beobachten und zur Ausdauer. Bei jeder Begegnung würde der scheue Vogel davonfliegen. Das aber, machte mich jedes Mal traurig.
Also, wir streuen Haferflocken auf die Fensterbank draußen, legen eine Spur auf die Innenseite der Fensterbank, dann auf einen Stuhl und zuletzt bis auf den Küchentisch. Dazu eine Untertasse mit Wasser. Jetzt heißt es warten. Eine große Herausforderung für mich. Ich bin vielleicht 9 Jahre alt, bin lieber draußen und im Garten, auf Bäumen und im Hühnerstall, auch wenn es verboten ist. Besonders der Wipproller hat es mir angetan, da kommt ganz schön Tempo drauf....
Ich sitze und warte. Viele Versuche brechen ab weil wir nicht schaffen still genug sitzen zu leiben. Dann, eines Tages, das Rotkehlchen hüpft, nach Haferflocken pickend, über die Fahnenstange auf die Fensterbank, über den eingebauten Schank für die großen Töpfe, auf den Stuhl und dann auf den Tisch. Immer wachsam, mit dem Schwanz wippend, bis zur Untertasse. Niemand hat mir bis heute diese Geschichte geglaubt.
Es kam mir wie ein Wunder vor, das ein freier Vogel auf dem Küchentisch in einer Untertasse ein Bad nimmt und sein Gefieder putzt. Seitdem konnte ich auch mal still sitzen, wenn nötig.
Auch draußen im Garten hatte der Pflegvater, den ich Onkel Jupp nannte, stets eine Idee, mich zu bändigen. Wenn ich also durch den Garten sprang, manchmal eben auch in die gerade gelegte Samenspur, wusste er stets genau die Stelle, an der er ein abgebrochenes Kuhhorn vergraben hatte. Mit Spaten oder Forke stach er in den Boden und warf im hohen Bogen das Kuhhorn in die Luft. Das machte mir soviel Angst, dass ich von dem Moment an jedenfalls für diesen Tag recht artig zu spielen wusste. Spargel stechen, Weintrauben pflücken, Hühner füttern, war jedenfalls immer eine Anerkennung und mit dem Lob von frischen Himbeeren oder Ähnlichem verbunden, wie beim Backen helfen und die Kuchenform auslecken. mmmmmhhhh.
Die jährlich wiederkehrenden Tage auf dem Bauernhof, jeweils zur Haupterntezeit, kommen mir in den Sinn. Ich darf die Brote, den heißen Kaffe und die Äpfel allein aufs Feld tragen, um die Knechte und dem Bauern die Pausenzeit zu ermöglichen. Ich erinnere noch gut, wie die Männer schwitzend die Kornähren zusammenbanden und mit hohem Schwung auf den Leiterwagen geworfen haben.

Die Pause kann ihnen stets recht. Manchmal saßen sie gemeinsam auf den Strohballen immer erst nach Trocknung fuderweise eingeholt wurden. Eines Tages, die Zeit mit den schweren belgischen Kaltblütern, zwei an der Zahl, Max und Lido, die die beladenen Fuder zum Entladen in die Tenne zogen, war vorbei und mit ganzem Stolz gab es den ersten mit Diesel betriebenen Trecker von Hanomag.
Jetzt war es leichter anzuhalten anzufahren, schneller als mit Pferden, vor allem, wenn es rückwärts gehen musste. Einmal hatte ich nach langem Drängeln die Erlaubnis den Trecker jeweils etwa die Wagenlänge des Leiterwagens nach vorn zu fahren. Zunächst klappt es nicht, meine Beine waren zu kurz, um das Kupplungspedal zu treffen. So wurde der Sitz nach vorn verstellt und ich war der Kapitän auf dem Trecker, auch wenn der Bauer auf dm Sitz des Seitenrades aufmerksam über mich wachte. Ich fühlte mich stark, wie einer der richtigen Männer, die ihren Beruf bei der Ernte ausübten. Sich von den Pferden zu

verabschieden, war für mich das Schwerste. Ich konnte und wollte mir nicht vorstellen, was mit ihnen geschehen würde. Es schien nötig.....
Es war zu jedem Ferienbeginn ein Erlebnis auf den Hof zu kommen. Struppie, ein unscheinbarer mittelgroßer zerzauster Hund, bellte wachsam bei jedem, der den Fuß auch nur eine Ferse breit auf das Hofgelände setzte. Aber wenn wir kamen, blieb er still. Wir gehörten dazu. Das machte mich stolz, weil er mich offensichtlich kannte. Dieser Hund Struppie, der mich zu jeden Sommerferien wieder erkannte, war ein Streuner, so erzählten die Erwachsenen am Abendbrottisch, wenn er mal wieder auf und davon war. Sie waren in Sorge, weil wildernde Hunde einfach erschossen wurden, so war es Sitte.

Eines Morgens fand man Struppie blutig verletzt vor der Haustür liegend. Der Bauer, Herr Henderkes, besah sich den Hund, schüttelte den Kopf und erklärte, dass er nicht mehr zur retten sei. Eine Schusswunde war seine Diagnose. Er legte den Hund auf die Seite vor der Haustür. So begann ich im hinteren Apfelhof an einer ausgewählten Stelle ein Grab auszuheben. Mein Struppie sollt würdig beerdigt werden. Natürlich hatte ich auch ein hölzernes Grabkreuz bemalt. Ich legte ihn also hinein und bedeckte den kleinen Hügel mit flachen Steinen, von denen es um das Haus herum jede Menge gab. Die Tanten und Schwestern des Bauern trauerten mit mir und versuchten mich zu trösten. Die Nacht war ich unruhig und am frühen Morgen, als noch alle schliefen, in der ersten Morgendämmerung, schlich ich mich au dem Haus, um nach dem Grab zu sehen. Ich erinnere nur noch, dass ich erschrocken zurück ins Haus gelaufen bin und durch mein Geschrei die Erwachsenen erwacht waren.
Jedenfalls habe ich nie wieder so ungläubige und staunende Gesichter gesehen, wie an diesem Morgen. Jedenfalls, das Grab war leer und der Hund verschwunden. Alle waren ratlos, bis zwei Tage später Struppie jaulend, noch immer ein wenig blutig, vor der Tür saß. Die Wunde heilte aus und im kommenden Jahr begrüße er mich wie immer, als sei nichts geschehen.

Mitten hinein, in das naturbezogene Heranwachsen stirbt plötzlich der Erziehungsvater. Ich darf nicht mit zum Friedhof, weil man meint ich könnte es nicht verkraften. Aber gerade das, was für mich schlimm. Abschiede sind die tiefsten Momente in Beziehungen, weis man heute. So vergeht einige Zeit, bis die alte Dame, die mich dann allein hätte weiter erziehen müssen, überfordert war und mit meinem Vater, den ich bisher nicht kannte, verabredete, mich in Urlaub einzuladen. Ich sollte meine Geschwister kennen lernen. Das klang zunächst und machte mich neugierig. Düsseldorf, eine Großstadt schien verlockend, gegen den stillen Ort Duisburg Wedau, nahe der Ruderregatta. Die Ernüchterung kam nach den ersten Wochen. Ich wollte zurück, dahin wo ich alles kannte, in das Gymnasium, zu den Tieren, nicht im fünften Stock der Großstadt, ohne Bäume. So wurde mir erklärt, dass ich für immer bleiben sollte, eine Rückkehr sei ausgeschlossen. Das war die Vereinbarung der Erwachsenen, die ich nicht kannte.
Ein Schock, Lernverweigerung, Abgang vom Gymnasium, zurück auf die Volksschule, das nötige Teilen der Apfelsine durch vier Kinder, war mir unerklärlich als Einzelkind. Ich lebte weiter im Schock eines Vertrauensverlustes durch die Hauptpersonen, die mich mit dem Rotkehlchen zur Ruhe und Stille ermutigt hatten.

In diesem Zusammenhang kann ich heute rückblicken verstehen, wie ich damals zur Erkenntnis kam eine entsprechende Ausbildung zu beginnen. Ich stand mal wieder auf dem Tennisplatz, die Mitarbeiter waren im Einsatz, der Umsatz war gut, das Einkommen großzügig. Ich spielte mit den Frauen, deren Männer im Beruf standen. Im auslösenden Kontakt zur Fortbildung erkannte ich, dass ich zu einer Lebensversicherung gegangen war, um mein Leben zu versichern. Etwa 40 Jahre war ich zu dem Zeitpunkt. Ein heimlicher, unbewusster Entscheidungsprozess, der mir deutlich wurde. Es konnte also so nicht weitergehen. Noch 25 Jahre Arbeit im Vertrieb einer Versicherung. Nein!
Ich bin verheiratet, habe drei Kinder und sechs Enkel. Meine Hobbys sind Tanzen, Bergwandern und Modellieren. Im Ehrenamt stehe ich in Ausbildung zum Clown Doktor (kranke Kinder in Kliniken) beim Paritätischen Wohlfahrtsverband.

Heute bin ich tätig als Berater, Dozent und Coach in Berufsverbänden, Akademien, Verwaltungen und Unternehmen. Ich schreibe als freier Medical Journalist Artikel für psychologische, naturheilkundliche und medizinische Magazine. Habe in mehr als siebzig Unternehmen gearbeitet. Habe im Rhein Lahn Kreis die Unternehmerschule geleitet. Nebenberuflich helfe ich zurzeit beim Projekt des Bundesbildungsministeriums mit bei der Integration von Migranten im Handwerk.
Besonders die prägenden Momente eines Lebens sind geeignet, um daraus Kraft zu schöpfen und Impulse des Unbewussten zu nutzen. In den Kontakten mit Klienten und Menschengruppen zeigen sich die Resilienzkräfte, die der individuellen Biographie verankert sind.
Darauf gilt es zu vertrauen, statt auf die Informationsüberflutung der Werbung zu achten.

Definitionen / Erkennbarkeiten von Resilienz

- Lateinisch bedeutet resilire: Zurückspringen, Abprallen
- Stärke erwächst nicht aus körperlicher Kraft, sondern aus unbeugsamem Willen.)
- Biografisch erlernte Widerstandskraft gegen Krisen
- Elastizität von Ökosystemen (Rekultivierung trotz Versandung, etc.)
- Selbstwirksamkeit bei schweren Belastungen
- Hohe Frustrationstoleranz – Geringe Verwundbarkeit
- Erworbene Fähigkeit im Kind und Umwelt Kontext
- Durch Vertrauen und Ermutigung stabil gewachsenes Reaktions- und Verhaltensmuster im Sinne von Bewältigungsstrategien
- Individuelles positives Eigenschaftsverhalten ohne Änderung bestehender und negativer Bedingungen des Umfeldes

Veröffentlichungen

1. Co med. Zeitschrift für Komplementäre Medizin

2. VfP, Magazin Freie Psychotherapie
3. Praxis Kommunikation, Junfermann Verlag
4. Zeitschrift für Humanistische Psychologie
5. Der Heilpraktiker, Magazin für Erfahrungsheilkunde
6. Naturheilkunde Journal
7. Magazin Praxismanagement
8. Futsal Landesmeister, Schweiz
9. Ernährungsumschau, Österreich
10. Senline, Zeitschrift für Generationen, Österreich
11. Coach In – Bewusst Leben gestalten
12. Spirituell Health, Internet Magazin
13. Zeitschrift, Verband Deutscher Diätassistenten
14. Zürich Spiegel, Mitarbeiterzeitung
15. Monitor vor Ort, Mitarbeiterzeitung Deutsche Telekom AG
16. Mitarbeiter Newsletter. Creditreform
17. Hamburg Mannheimer Vers. AG, Mitarbeiterzeitung
18. VHS Treff, Redaktionsteam der Volkshochschulzeitung
19. Finanzamtszeitung Rheinland Pfalz
20. Zeitung der Schulämter in Hessen
21. Blick AKTUELL Koblenz - Bad Ems - Lahnstein - Trier - Mayen
22. Siegener Volkszeitung
23. Rhein Zeitung Koblenz
24. Rhein - Lahn Zeitung
25. Aachener Volkszeitung
26. Rhein - Lahn – Kurier
27. Lebens - t - räume - Jürgen Fliege Magazin
28. Lokalanzeiger Rhein - Lahn
29. Koblenzer Schängel
30. Ärztehaus St. Sebastian, Rhein Med. Info
31. Bruno Gröning Zeitschrift
32. Wirtschaftsförderungsgesellschaft GmbH, Rhein - Lahn - Kreis
33. Institut für Integrative Wirtschaftsförderung e. V. Bonn
34. Juvemus e. V. , Zeitschrift für Kinder- und Erwachsenenförderung

Bücher:

1. Books on Demand
2. Verlag für Wissenschaftliche Veröffentlichungen
3. Verlag Dr. Köster
4. Trainer Verlag für Beratung, Training, Coaching

5. Amazon Kindl Publishing, eBook
6. Zeitschrift für Humanistische Psychologie
7. Urheber Verlag
8. Selbstverlag

Von der Biographie zur Wissenschaft

Mathematisch physikalisch ist Kraft (Energie) in einer Formel zusammengefasst, die scheint einfach und wiederholt mit Gegenprobe anwendbar. Für jeden erlern- und anwendbar, wenn man sie nur auswendig gelernt hat. Das gilt für menschliche Individuen nicht. Es gibt keine zwei gleichen Menschen oder Menschengruppen. Trennungen, Krankheiten, Arbeitslosigkeit, Schicksale, Unfälle, Mobbing oder andere Ereignisse werden jeweils unterschiedlich verarbeitet. Eine Vielzahl von Therapiemethoden ist weltweit bekannt. (ca. 500) Niemand allein könnte diese erlernen. Einige Grundsätze scheinen jedoch angebracht, erwähnt zu werden.
Analysefähigkeit, Abstraktionsvermögen, Bedürfnisbezogenheit, Emotionsorientierung, Ermutigung, Phantasie, Imagination, Strategie, Metaphern, Selbstwirksamkeit, Perspektivwechsel, Kommunikationsfähigkeit, Empathie, Denk- und Fühlfertigkeit, Konfliktbereitschaft, Sensibilität, Frustrationstoleranz und Wahrnehmung, Belastbarkeit und Widerstandskraft sowie Spürbewusstsein sind einige der Eckpfeiler zum Umgang mit persönlichen Kräften, die es zu fördern und zu entwickeln gilt. Wie im ursprünglichen Coaching beim Sport gilt es, die angelegten Fähigkeiten zu achten, statt Schwächen zu verbessern, ohne Fachkompetenzen zu vernachlässigen.

- Es gibt genügend positive innere Bilder. (Prof. Hüther)
- Ohne Hinwendung auf die zu lernenden Reizen geschieht nichts. (Prof. Spitzer)
- Wir müssen die inneren Bilder imaginieren, um sie nutzen zu können. (Prof. Dr. Reddemann)
- Multicodierte Abspeicherungen in Sprache, Bild & Körpergefühl ermöglichen späteres Handeln (Damiano)
- Affekt - motorische Schemata ermöglichen Reaktionen unseres gesamten Systems (Dr. Lauster / Dawning)
- Alles wirkliche Leben ist Begegnung (Martin Buber)
- Man kann Probleme nicht mit den Methoden lösen, mit denen sie entstanden sind (Steve de Shazar)
- Unser multikomplexes System ist mythisch, mystisch, rational und analytisch zugleich (Dr. med. Schmidt)
- Intelligent denkt, wer sich nicht allein auf die Logik verlässt. (Prof. Girgerenzer)
- Der Intellekt ist nicht unser Gott, er darf uns dienen, nicht über uns herrschen. (Albert Einstein)
- Emotion verbrennt alles Überflüssige (C. G. Jung)
- Liebe ist die beste Arznei (Paracelsus)
- Angst, Depression, Stress ohne Medikamente heilbar (Dr. med. D. S. Schreiber)

- Träume sind der rote Faden in Therapien (Dr. med. K. U. Adam)
- Ermutigung ist der Schlüssel (Alfred Adler)
- Gesundheit ist die Fähigkeit lieben und arbeiten zu können (Siegmund Freud)
- Alle Teile unsres Systems sind ständig miteinander verbunden (Dr. A. Mindell)

So einige Aussagen kompetenter Zeitgenossen, die, jede für sich allein genommen, leicht eine Bücherreihe hervorbringen könnte. Dazu reicht diese Praxisfibel nicht aus. Beispiele werden jedoch später erwähnt werden. Virginia Satir (Familientherapeutin) hat es anders ausgedrückt. Jeder hat die Freiheit (das Recht) zu sein.

- Die Freiheit, das zu sehen und zu hören, was im Moment wirklich da ist
- Die Freiheit, auszusprechen, was ich fühle und denke
- Die Freiheit, zu meinen Gefühlen zu stehen
- Die Freiheit, um das zu bitten, was ich brauche
- Die Freiheit, in eigener Verantwortung Risiken einzugehen

Pamele Levin erforschte die Cycles of Power & macht hilfreiche Zeitangaben zum Entstehungsprozess.

- Das Recht hier zu sein (Geburt – 6 Monate)
- Die Kraft zum handeln (6 - 18 Monate)
- Die Möglichkeit selbst zu denken (18 Monate – 3 Jahre)
- Die eigene Identität zu entwickeln (3 – 6 Jahre)
- Geschicklichkeit und Fähigkeiten zu entwickeln, die ich brauche (6 – 12 Jahre)
- Die Kraft zur Erneuerung und Liebe zu geben (12 – 19 Jahre)
- Kraft zum Recycling in der eigenen Zeit (ab 19 Jahre)

Diese komplexen Zusammenhänge bedürfen einer geeigneten Umgangsform mit wirksamen Methoden. Die Phasen kehren wie Jahreszeiten wieder, bis ins hohe Alter. Sprich: Gefühle werden nicht dement.

Hilfreiche Begriffsdefinitionen

Immer wenn ich vor komplexen Zusammenhängen stand, war mir hilfreich zunächst die Angelegenheit in ihrem eigentlichen Sinn zu erfassen und die beteiligten Möglichkeiten zunächst zu erläutern. Das erleichterte eine sinnvolle Aufeinanderfolge von Aktivitäten und Interventionen und die Erkenntnis, welche Methode zu welchem Problem passen könnte. Und niemals konnte etwas geschehen ohne die beteiligte Person zu achten und zu würdigen.

Beratungspädagogik ist **zielgerichtete, Prozess- und strukturorientiert,**
sinnvoll organisierte Lernform bei beruflichen, persönlichen und beruflichen

Aufgabenstellungen. Sie befähigt den Klienten, außerhalb medizinischer, psychologischer oder sonstiger fachspezifisch orientierter Beratung hinaus mit strukturell, systemisch, pädagogisch und therapeutischem Wissen, zu lösungsorientiertem und selbständigem Denken und Handeln.

Beratung ist die individuelle, **prozessorientierte** Begleitung zum persönlichen Wachstum einer Person

Coaching ist **lösungsorientierte** Förderung und Entwicklung vorhandener persönlicher Ressourcen

Supervision ist auf **Reflexion angelegte** Beratung und Intervention in Bezug auf das jeweilig „relevante" System (Person, Gruppe, Familie, Team, Organisation)

Mediation ist die **Unterstützung** von Parteien in einem freiwilligen Konfliktlösungsprozess, damit diese selbst zu eigenständigen Lösungen kommen können. (Ohne Sucht und oder Kriminalität)

Counseling ist als **pädagogisch / therapeutische** Beratungstätigkeit zu verstehen, bei der eine dafür ausgebildete Person, aus unterstützender und wohlwollender Haltung heraus, zu Problemen und Fragestellung bzgl. Lebensführung kooperativ wirkt, ohne im psychodynamischen Sinne dieselbe aufzuarbeiten

Therapie ist eine **postdiagnostische Behandlung** von Krankheit mit Linderungs- oder / und Heilungsziel *(Nur in ärztlicher Hand oder HP, HP psych. Dipl. Psychologen)*

Fragen nach Resilienz, statt nach Ursachen und Problemen

- Wann hatten oder haben Sie die Störungen und Probleme nicht?
- Wie sieht jemand aus, der so etwas nie haben wird?
- Was wird sich in Ihrem Leben ändern, wenn das Problem gelöst ist?
- Wie genau werden sie das konkret wissen?
- Was haben sie gut gemacht? Was haben sie außerdem noch gut gemacht?
- Wie belohnen Sie sich für Ihr Bemühen? - Was vermissen sie am meisten?
- Wie haben sie den Ereignissen so lange standgehalten?
- Woran genau bemerken andere, dass es erledigt sein wird?

Es liegt in der Natur der Sache, das weder vorherzusehen ist, warum und mit welchem Lebenshintergrund ein Klient zur Beratung kommt, noch ist zu kalkulieren ob im Prozess des Gespräches eine Situation eintritt, die eine Therapie erfordert, oder gar eine Krisenintervention. Deshalb ist ein schriftlicher Beratungsvertrag sinnvoll, der bestimmte Situationen beachtet, etwa vorhandener Tablettenkonsum, bestehende psychotherapeutische Behandlung oder Diagnosen und oder auf die Grenzen der Beratung (keine Heilkunde) hinweist. Nur die ausschließliche Anregung von Selbstheilungskräften (Geistige natürliche Heilung) ist erlaubt ohne die Zulassung zur Heilkunde oder einer Bestallung als Arzt. (Bundesgerichtsurteil)In meiner beruflichen Tätigkeit im Zusammenhang mit anvertrauten Mitarbeitern, egal ob bei der Bundeswehr, im öffentlichen Dient, in Akademien und Unternehmen, in Schulen oder Institutionen, stets stand ich vor der Frage, warum meine Gesprächsbemühungen nicht die erwarteten Ergebnisse erbracht haben. Trotz aller Bemühungen hat es Jahre gedauert, bis eine Routine in Fragetechnik, Gesprächsführung und Interventionsstrategie entstehen konnte. Dabei war entscheidend, mich auf das Weltbild des Gegenübers einzustellen und eigene Anschauung im Hintergrund zu halten. Ich habe gelernt, dass die unbewusst gespeicherten inneren Bilder unser Handeln bestimmen, nicht die Sprache. Eine Struktur zum Gesprächsablauf hat sich bei allen Beratungskontakten bewährt.

Wahrnehmung mit Hintergrund fehlender kollektiver Resilienz

von A. Schweitzer geb. 1875 – 1923 Nach Lambarene.

Ich will leben inmitten von Lebewesen, die auch leben wollen.

Der Staat in beispielloser materiell, geistiger Verelendung. Unter Schulden zusammenbrechend, von wirtschaftlichen und politischen Kämpfen zerrissen, ohne moralische Autorität. Aus der Finanznot seiner Schulden irgendwann heraus, zu einem natürlichen gesunden Zustand zurückzukommen, bleibt uns bis heute ein Rätsel und wird noch weiterhin andauern.

Die Geschichte vom Gärtner:

Confucius sah einen Gärtner, der immer in den Brunnen herabstieg, um Wasser in einen Behälter mit Wasser zu schöpfen. Warum nutzt du nicht einen hölzernen Hebelarm, um schneller Wasser zu schöpfen? - Man nennt es einen Ziehbrunnen. Wieso denn, war die Antwort. Der kluge Gärtner sagte: „ Ich hörte von meinem Lehrer, wenn jemand seine Geschäfte mit maschinenmäßig betreibt, der wird ein Maschinenherz bekommen. Und mit einem Maschinenherz, geht die Einfalt verloren."

Strategie zur Auffindung eigener früh geprägter Erfahrung mit Resilienz
Zunächst zwei gegenpolige Erlebnisse erinnern und konkret aufschreiben.

Mein schlimmstes Erlebnis: **Tod der Mutter, als ich sechs Wochen alt war**

Mein schönstes Erlebnis: **Geburtserlebnis mit meiner ersten Tochter**

Abfrage von mindestens „ *sieben* " Früherinnerungen

Beispiel: *Im Alter von fünf Jahren hatte ich mit meinem Vater eine Radtour gemacht. An einer bestimmten Weggabelung konnte mein Vater sich nicht entscheiden und wusste den Weg nicht. Ich wusste den Weg aber genau, weil ich mit der Mama schon einmal dort gefahren war.*
Erfassung des Alters, der Vorganges der Bedeutung und der erlebten Empfindungen

Nr:	Alter:	Inhalt:	Bedeutungen	Empfindungen:
1	**5**	**Radtour**	**Angst & Stolz.**	**Vater hatte sich verfahren aber ich wusste den Weg**
2				
3				
4				
5				
6				
7				

Jetzt wird das bedeutendste Ereignis inszeniert im Rollenspiel und möglichst originalgetreu dargestellt. Möbel werden gerückt, Stühle und Tisch platziert, möglichst in genauer Anordnung zum Fenster und Tür. Freunde helfen und sollten gesprochen Texte eventuell nachsprechen. Der Betroffene kann die Szene nacherleben und die erfolgreiche Erinnerung neu empfinden. Störende Erinnerungen können nun im Abstand verabschiedet werden und vorhandene Resilienz abrufen. Die Übertragbarkeit auf aktuelle Lebenssituationen ist ab diesem Zeitpunkt hilfreich und triggert positive Resilienzerfahrung. Eine Würdigung bekannter Vorbilder, die solcherlei Fähigkeiten haben, bestätigt im Vergleich eigenes Können und Kompetenz. Mit Lieblingsmelodie koppeln! Märchen sind hilfreich in der Identifikation.

Bildgestütztes Coaching als Weg zur Resilienz

Literatur: ISBN 978-3-89574-665-9 Verlag für Wissenschaftliche Veröffentlichungen, Berlin

Die inneren Bilder muss man imaginieren, um sie zu nutzen.
(Prof. Dr. Luise Reddemann)
Wir haben genügend positive, innere Bilder in uns gespeichert.
(Prof. Hüther, Gehirnforscher, Neuro Biologe)
Häufig benutzte Bilder verändern Persönlichkeiten und ganze Völker
(Prof. Macho, Kulturforscher)
Ohne gezielte Hinwendung auf die zu lernenden Reize, geschieht nichts.
(Prof. Spitzer, Pädagoge, Soziologe)
Wie im Traum, ist sprachlose Kommunikation unserer Bilder der
Ausdruck des Unbewussten
(Dr. Elisabeth Kübler - Ross)
Das Ich im Bild
Prof. Gisela Schmeer

Im Bildunterstützten Coaching findet sich eine professionelle Methode, um Resilienz zu nutzen. Die **„Dreifeld - Strategie"** ermöglicht unter Nutzung der Gehirnkapazität eine selbstwirksame Hilfe. Die Hirnareale für Visuelles, Geruch, Perspektive, Farben zeigen, dass all unser Denken mit Bildern erfolgt.
Lernen ist mit Gefühlen verkoppelt und Begeisterung und Motivation sind der Schlüssel für den Transport von Neuronen. Im Optimismus - Training ist beschrieben (Hallesche Krankenversicherung Gesundheitsmanagement), dass psychologisch erforscht wurde wie bildhaftes Denken erfolgt. 10 Gedankenbilder pro Minute, alle 6 Sekunden ein neues Bild, 600 pro Stunde, 9000 pro Tag, 63 000 pro Woche, 3 000 000 pro Jahr. So ist der Alltag in unserem Kopf. Erlebte Ereignisse bleiben multi - codiert in uns gespeichert. In der Therapie von Traumata wird erlebt, wie diese Bilder wiederholt triggern und immer wieder auftauchen. Wir wissen von Spiegelneuronen, dass sie erstaunliches vermögen. In der Anschauung eines Gegenübers erfassen wir dessen Gedanken und Neigungen, wie wir es aus der Quantenphysik durch die Ortsungebundenheit wissen.

Drei - Feld – Strategie
DIN A 3 Block, Wachsmalstifte oder Wasserfarben, aufgemalte drei Felder.
Bild mit aktuellem Lebensprozess - Konfliktbild – Lösungsbild.

Folgende Fragestellungen sind zu jedem gemalten Bild anzuwenden:

- **Welchen Namen könnte das Bild erhalten?**
- **Was bedeutet das Bild für meine Situation?**
- **Welche Gefühle löst das Bild in mir aus?**
- **Auf welchen Konflikt deutet das Bild hin?**

- **Worauf deutet das Bild für die Zukunft hin?**
- **Was könnte das Bild noch vermeiden?**
- **Welche Märchenfigur fällt mir dazu ein?**

Die gemalten Bilder können mit Abstand (an der Wand) in 180° Drehung und durch eine vertraute Person, die ohne Kenntnis, das Bild spontan interpretiert, betrachtet werden.

Mein Ich in Leben und Beruf	Mein aktueller Konflikt	Mein Lösungsbild
1	2	3

Der Regenmacher

In einem Dorf hatte es lange, lange nicht mehr geregnet.
Alle Gebete nützten nichts, der Himmel blieb verschlossen.
In dieser Not wandte sich das Dorf an einen großen Regenmacher.
Er kam, bat um eine Hütte am Dorfrand und um
Brot und Wasser für fünf Tage. Sodann schickte er die Dorfbewohner an ihre Arbeit.
Am vierten Tag regnete es. Die Leute kamen jubelnd von den Feldern und zogen
vor die Hütte des Regenmachers. Sie wollten ihn feiern und ihn nach dem Geheimnis
des „*Regen Machens*" fragen. Er antworte ihnen: „Ich kann keinen Regen machen".
„*Aber es regnet doch*", antworteten die Dorfbewohner.
Der Regenmacher erklärte ihnen daraufhin:
„Als ich in Euer Dorf kam, sah ich die äußere und innere Unordnung".
„Ich ging in die Hütte und brachte mich selbst in Ordnung, als ich in Ordnung war, kamt ihr in Ordnung, als Ihr in Ordnung kamt, kam auch die Umwelt in Ordnung, und als die Umwelt in Ordnung kam, hat es geregnet".

Die Philosophie eines Lebens

Als ich mich wirklich selbst zu lieben begann, habe ich verstanden, dass immer und bei jeder Gelegenheit, zur richtigen Zeit am richtigen Ort bin und dass alles, was geschieht, richtig ist – von da an konnte ich ruhig sein. Heute weiß ich, das nennt sich **Vertrauen.**

Als ich mich wirklich selbst zu lieben begann, konnte ich erkennen, dass emotionaler Schmerz und Leid nur Warnung für mich sind, gegen meine eigene Wahrheit zu leben. Heute weiß ich, das nennt man **Authentisch – Sein**

Als ich mich wirklich selbst zu lieben begann, habe ich aufgehört, mich nach einem anderen Leben zu sehnen und konnte sehen, dass alles um mich herum eine Aufforderung zum Wachsen war. Heute weiß ich, das nennt man **Reife.**

Als ich mich wirklich selbst zu lieben begann, habe ich aufgehört mich meiner freien Zeit zu berauben und aufgehört weiter grandiose Projekte für die Zukunft zu entwerfen. Heute mache ich nur das, was mir Spaß und Freude macht, was ich liebe und was mein Herz zum Lachen bringt, auf meine eigene Art und in meinem Tempo und ich weiß heute, dass man es **Ehrlichkeit** nennt.
Als ich mich wirklich selbst zu lieben begann, habe ich mich von allem befreit was nicht gesund für mich war, von Speisen, Menschen, Dingen, Situationen und von allem, das mich immer wieder hinunterzog, weg von mir selbst. Anfangs nannte ich das gesunden Egoismus, heute weiß ich, das ist **Selbstliebe.**
Als ich mich wirklich selbst zu lieben begann, habe ich aufgehört immer Recht haben zu wollen, so habe ich weniger geirrt. Heute habe ich erkannt das nennt man **Demut**
Als ich mich wirklich selbst zu lieben begann, habe ich verstanden wie sehr es jemanden beschämt, ihm meine Wünsche aufzuzwingen, obwohl ich wusste, dass weder die Zeit reif, noch der Mensch dazu bereit war, auch wenn ich selbst dieser Mensch war. Heute weiß ich, das nennt man **Selbstachtung.**
Als ich mich wirklich selbst zu lieben begann, da erkannte ich, dass mich mein Denken armselig und krank machen kann, als ich jedoch meine Herzenskräfte anforderte, bekam der Verstand einen wichtigen Partner, diese Verbindung nenne ich heute **Herzensweisheit**
Als ich mich wirklich selbst zu lieben begann, wusste ich, dass wir uns nicht weiter vor Auseinandersetzungen, Konflikten und Problemen mit uns selbst und anderen fürchten müssen, denn sogar Sterne knallen manchmal aufeinander und es entstehen neue Welten. Heute weiß ich, dass ist

Charly Schaplin

Der Adler und das Huhn

(Wenn du einen Bach siehst, weißt du zugleich, dass es dazu eine Quelle gibt.)

Ein Bauer hatte einen jungen Adler gefunden und ihn mit nach Hause genommen. Er steckte ihn in den Hühnerstall und so wuchs der Adler mit den Hühnern auf.
Eines Tages erschien auf dem Hof ein Gast. Als derselbe, ein Biologe, den Adler sah, rief er: „Aber das ist doch ein Adler und kein Huhn."
„Ja, Ja," sagte der Bauer, „aber er lebt wie ein Huhn." Da nahm der Wissenschaftler den Adler und stellte ihn auf die Schubkarre und sagte zu Ihm. „Flieg, du bist ein Adler." Der Adler besah sich den Hof aus der Sicht der Schubkarre, stieg herunter und pickte die Körner wie immer, wie alle Hühner.
„Siehst du", sagte der Bauer, „Er lebt wie die Hühner."
Der Biologe schien dies nicht einzusehen und packte den Adler, setzte ihn auf das Garagendach und sagte:" Flieg, du bist doch ein Adler:" Der Adler zuckte mit den Schultern etwa wie bei einem Tremor, blickte auf die Hühner, sah die Körner, sprang vom Dach, und pickte, wie immer, sonst geschah nichts.
Erneut sah der Bauer seinen Gast verständnisvoll an uns sprach: „Siehst du, Ich habe ihn aufgezogen wie ein Huhn und er lebt wie ein Huhn."
Der Wissenschaftler nickte und sagte vor dem Abschied:" Gewiss, gewiss, aber er hat das Herz eines Adlers."

Nach einigen Tagen kam der Vogelkundige erneut zu Besuch auf den Hof, nahm den Adler, steckte ihn in eine große Tragetasche, fuhr mit ihm in die Nähe eines Höhenzuges des in der Nähe gelegenen Mittelgebirges. Er hielt den Adler über seinen eigenen Kopf, wie es die Falkner tun und sprach zu dem Tier, du bist ein Adler und du hast das Herz eines Adlers und du kannst fliegen wie ein Adler. Der Adler sah in das Tal. Er betrachtet den Bauernhof, das Garagendach, die Schubkarre, die Hühner, und sah auch die Körner im Hof liegen. - Dann löste er sich stieg in die Höhe und flog davon.
Niemand hat je wieder etwas von ihm gehört.

Die Menschen erzählten später, dass der Adler eines Tages ein Huhn geheiratet hat.

Gedicht

Früher als ich jung und unerfahrener war, als heute, hatten meine höchste Achtung andere Leute. Später traf ich auf der Weide außer mir noch andre Kälber. Und nun schätz ich sozusagen erst mich selber.

Wilhelm Busch

O

Wenn Resilienz im Unbewussten schlummert

Es gibt genügend unbewusste Bilder in uns, wir müssen sie nur berühren.

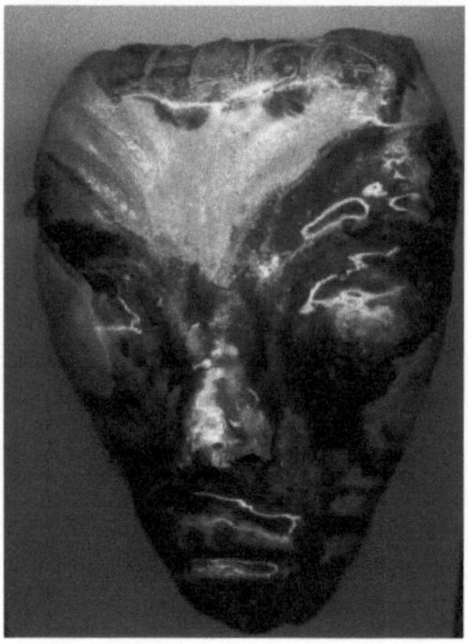

Eine Frau leidet seit 30 Jahren an Kontaktlinsen, die oft herausfallen und lästig sind. Sie hat Angst vor den Operationen am Auge. In einem Gestalt Workshop formt sie mit verbundenen Augen ihr Lebensthema zum Ausdruck zu bringen. Sie formt den Ton und ist betroffen, wie deutlich Ihr Thema „Sehen“ zum Vorschein kommt.
Nach einer Woche sucht sie einen Spezialisten auf. Zwei neue Linsenwerden in ihre Augen eingesetzt. Sie fährt Auto, liest ohne Brille!
Ohne die unbewusste Botschaft wäre sie ohne Operation geblieben.

Fähigkeiten der Resilienz in mir erkunden.

Was kann ich gut?

Was mache ich besonders gern?

Was andere an mir mögen.

Was macht mich stolz?

Was habe ich alles ausgehalten und ertragen?

Was sind meine angenehmsten Erfahrungen?

Was könnte ich in meinem Leben noch erreichen?

Woran erkennt man, daß ich ein wertvoller Mensch bin?

Welche positiven Bemerkungen haben Kollegen jemals über mich gemacht?

Welche positiven Aussagen über mich von Schülern erinnere Ich?

Was alles haben jemals Ausbilder über mich positiv gesagt?

Was haben Menschen meines Umfeldes über meine positiven Eigenschaften gesagt?

Woran erkenne ich bei anderen, dass ich als Person geschätzt bin?

Welche Mittel setzte ich ein, um nach einem Streit wieder auf andere zugehen zu können?

Wie genau mache ich es, wenn ich aus einer Eskalation aussteige?

Auf welche Art gehe ich mit Kränkungen um?

Wie gehe ich auf andere ein, wenn sie erkennbar schlecht drauf sind?

Was ist mein eindrucksvollstes Beispiel dafür, etwas in Gang gebracht zu haben?

Was sind meine Stärken im Hinblick auf beratende, motivierende Handlungen?

Welche Fähigkeiten habe ich, um bei Projekten kompetent mit zu gestalten?

Welche Fähigkeiten kann ich beitragen, um neue Impulse zu verwirklichen?

Auf dem Weg zur Schatztruhe der Resilienz in Gruppen

Bei Krisen und Störungen in Organisation, Gruppe, oder Team machte Sinn auf kreative Methoden zurück zu greifen. Vermutungen, Interpretationen, der bekannte „Flurfunk" und Gerüchte verhindern die eigentlichen Auseinandersetzungen.

Eine bewährte Methode kommt aus der Gestalt Pädagogik.
In einem angeleiteten gemeinsamen Erleben werden spontane, intuitive und prozessorientierte Wahrnehmungen vorbereitet, erlebbar gemacht, analysiert und im vertieften Gespräch im Paar, Kleingruppe und Plenum offen ausgetauscht. Um die eigentlichen Rollen mit denen wir anderen begegnen zu verstehen und zu verändern, soll es gelingen einen anderen Blick auf sich selbst zu gewinnen. Es ist natürlich, dass wir in unterschiedlichen Zusammenhängen (Familie, Beruf, Kundenkontakt, Urlaub) auch unterschiedliches Verhalten zeigen, damit wir uns schützen. Wir bewundern erfolgreiche Teams du staunen über eine großen Fundus an Möglichkeiten des offenen Umgangs miteinander. Jedenfalls, wenn man hinter seine eigene Maske schauen lernt, sein erlerntes Verhalten versteht, erweitern sich die eigenen Handlungsmöglichkeiten in Teams deutlich.

Utensilien
Gymnastikmatte – Handtuch – Vaseline – Ton – Gipsbinden – Meditationsmusik –
Wasser in kleinen Behältnissen. Arbeit zu zweit. Einer liegt am Boden und sein Gesicht wird sorgfältig mit Vaseline eingekremt. Dann mit kleinen Streifen (10 cm) das gesamte Gesicht belegt. Nasenlöcher bleiben frei. Wenn der Gips sich gehärtet hat, sorgfältig lösen. Dann

kann man in sein inneres Gesicht blicken. 10 Minuten Stille. Austausch im Interview. - Raum für Paarinterviews – Gruppenbesprechungen – Möglichkeit zu Spaziergängen. Zeitraum für eine zehn Personen Gruppe ca. ein Tag. Reflexion.

Wenn Resilienz überschätzt und ausgebeutet wird

Erst die gemalte Lebenssituation kann die Erkenntnis bringen
Identifikation mit dem eigenen Herzen

Mein Herz schlägt für die ganze Welt!

Mein Herz für mich selbst blieb leer?

Die Klientin hat einen behinderten Mann geheiratet. Seine Kinderlähmung machte ihr nichts aus. Da sie keine eigenen Kinder haben konnten, entschieden sie sich für eine Adoption. Als sie vor Ort in einem lateinamerikanischen Land angekommen waren, um das Kind abzuholen, erfuhren sie , dass das Kind einen verkrüppelten Fuß hatte. Mutig nahmen sie die Entscheidung auf sich. Nach kurzen Jahren gab es den Wunsch ein zweites Kind zu adoptieren und ein Drittes. Das zweite Kind hatte einen fehlenden Unterschenkel und das Dritte einen irreparablen Hörschaden, trotz Implantat. Der Musikunterricht und die zahlreichen Veranstaltungen mit den Mitarbeitern bilden den Rest der Bildaussage.
Durch die Betitelung der Zeichnung geschah unter Tränen *(Später, nach Gespräch im Bild hinzugefügt)* **die Erkenntnis, dass sie all das, was sie von ihrer Mutter gern gehabt hätte, nun auf die Kinder übertragen hat. Am anderen Morgen rief sie an, um mitzuteilen, dass sie seit Wochen wieder mal durchgeschlafen habe und ihr Herzdruck verschwunden sei. Sie will eine berufliche Auszeit nehmen und für die Kinder eine Betreuung suchen.**

Schnelle Resilienz ohne Worte mittels einer Collage

Wichtige Hinweiszeichen auf notwendige Gesundheitsförderung durch die (unbewusst) schnell gefertigte Collage. Ohne Vorbereitung und Absprache sollen Mitarbeiter ihr Firmensituationen darstellen - in Bezug auf die Gesundheitsförderung im Betrieb.

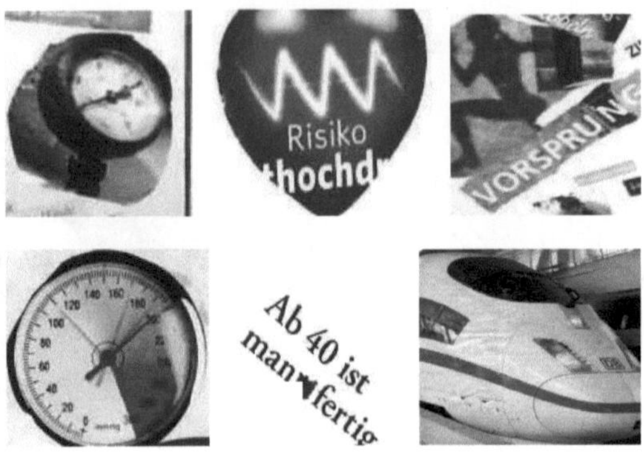

Besonders, wenn Symbole mehrfach erscheinen, ist Vorsicht und Beachtung geboten. Wenn parallel stattfindende Mitarbeitergruppen zu einem gleichen oder ähnlichen Ergebnis kommen, sollte das Thema in den Alltag integriert werden. (Stress) Führungskräfte konnten die gefühlte Situation unmittelbar erkennen.

Was wir von den Gänsen lernen können!

Rede zum Netzwerk zur Organisationsentwicklung New York 1991 von Angeles Arrien

Tatsache I

Indem jede Gans mit den Flügeln schlägt, erzeugt sie einen Auftrieb für die ihr folgenden Vögel. Indem der Gänseschwarm in einer V - Formation fliegt, erreicht der ganze Schwarm 71% mehr Flugweite als jeder Vogel, wenn er alleine flöge. ***Wir lernen:*** → *Leute, die einen gemeinsamen Richtungs- und einen Gemeinschaftssinn haben, kommen schneller und leichter dorthin, wo sie hin wollen, weil sie sich im gegenseitig erzeugten Schub vorwärts bewegen.*

Tatsache II

Wenn eine Gans aus der Formation herausfällt, spürt sie plötzlich den Widerstand ihres Alleinfluges. Sie bewegt sich schnell zurück in die Formation, um den Auftrieb durch die vor ihr fliegenden Vögel zu nutzen. **Wir lernen:** ➘ Wenn wir soviel Verstand wie eine Gans haben, bleiben wir in der Formation mit denjenigen, die dorthin gehen, wo wir hin wollen. Wir sind willens, Hilfe anzunehmen und unsere Hilfe anderen zu geben.

Tatsache III

Wenn die Leitganz müde wird, fliegt sie zurück in die Formation und eine andere übernimmt die Führungsposition. ***Wir lernen:*** → *Es zahlt sich aus, sich bei schwierigen Aufgaben abzuwechseln und die Führungsrolle zu teilen. Wie bei Gänsen hängen Leute von den Kenntnissen, Fähigkeiten und der einzigartigen Verteilung von Begabungen, Talenten oder Fertigkeiten der anderen ab.*

Tatsache IV

Die in Formation fliegenden Gänse schreien, um die **vor** ihnen fliegenden anzuspornen, das Tempo zu halten. ***Wir lernen:*** → *Wir müssen sicherstellen, dass unser Schreien anspornend ist. In Gruppen, in denen es Ansporn gibt, ist die Produktion größer.*
Die Kraft des Ansporns ist die Qualität des „Schreiens".
Wir sollten bei eigenen Kernwerten bleiben und die Kerne in andern anspornen)

Tatsache V

Wenn eine Gans krank ist, verwundet oder angeschossen wird, verlassen zwei Gänse die Formation und folgen ihr nach unten, um ihr zu helfen oder sie zu beschützen. Sie bleiben bei ihr, bis sie stirbt oder wieder fliegen kann. Dann schließen sie sich ihrer alten oder einer anderen Formation an. **Wir lernen:** → *Wenn wir so viel Verstand wie Gänse haben, halten wir ebenso in schwierigen wie in starken Zeiten zusammen.*

Erweckung der eigenen Weiblichkeit

Im Naturworkshop mit Anregung zur Skulptur mit Ton und Erde

Die ewige Sehnsucht, die nicht zu stillen zu schien, konnte ich das erste Mal den weichen Ton aus der Erde zwischen den Händen spüren. Feucht, kalt, nass, klebrig zuerst. Dann nach einer Weile warm und gleitend. Eine Kugel war der erste Schritt. Danach aus der Kugel etwas zum eigenen Ich zu formen.

Heute weiß ich, welche Energie in dem Naturstoff Ton steckt. Er kann hart sein, flüssig, zäh oder bei 1100° gebrannt werden. Stets spiegelt er in unseren Händen die eigentliche Situation dar. Wer zuerst darüber lächelt, wird bei ernsthafter Auseinandersetzung mit dem Phänomen Ton, eines Besseren belehrt.

Ton der Erde ermöglicht an Ressourcen zu gelangen, die verbal nicht erreichbar sind.

Der intuitive, emotionale, mythische und magische Moment des Entstehens ist einmalig und nicht willentlich wiederholbar.

In dem dargestellten Prozess wurde der Zugang zur eigenen Weiblichkeit ermöglicht.

Eine E

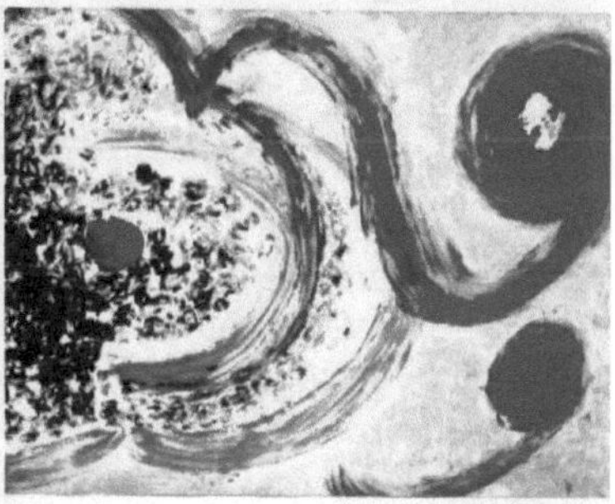

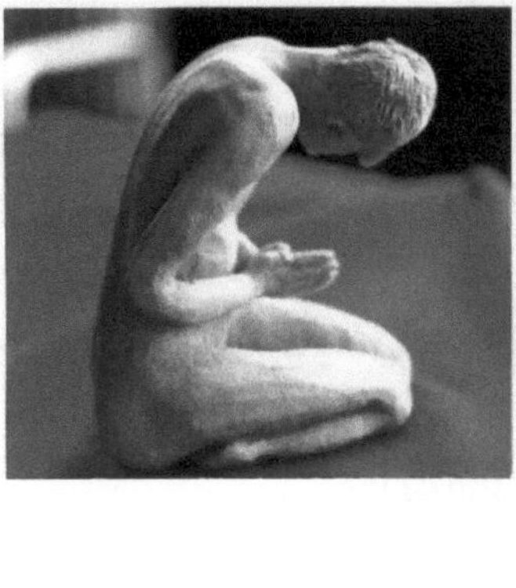

Kreative Methoden bringen Resilienz ans Tageslicht

Es geht darum Wirktiefe zu erzeugen.

Bleistiftzeichnung, Wachsmalstifte, Kollage, Fingerfarben, Seidenpapier, Ton
Die Materialien bestimmen die Qualität der Identifikation. Das Lebensthema, der aktuelle Konflikt oder die gewünschte Veränderung werden nonverbal dargestellt. Erst danach erfolgten Gespräch, Diskussion, Coaching oder Therapie.

Imagination in „*f ü n f*“ Schritten

Neben Assoziation und Amplifikation ist auch das Imaginieren (bildhafte Assoziation) einer Traumfigur hilfreich. Der Klient wird in die Lage versetzt Dinge mit anderen Augen zu sehen und ermutigt kreativ mit einer bisher unbekannten Möglichkeit zu experimentieren. (z. B. Reddemann, Leuner, Ericksen, Perls, Silver-Mind, Jung, auch Bildcoaching nach D. Loboda)

Beobachterperspektive anregen

Erlauben Sie sich nun etwas Merkwürdiges zu tun. Betrachten Sie eine Person, die die gleiche Störung, gleiches Verhalten oder die gleichen Symptome hat und seinen Sie neugierig welche Person vor Ihrem inneren Auge erscheint. Beschreiben dann Sie einfach, wie sie aussieht.

Identifikation erfragen

- Wenn Sie wüssten, was mit der Person los ist, was sie fühlt, wie es ihr geht, was könnte es sein?
- Wie lebt die Person?
- Wie ist ihr Verhältnis zu sich oder zu anderen?
- Welche Einstellung hat die Person zum Leben?
- Was fehlt der Person?
- Was bräuchte sie, damit es ihr besser geht?
- Was müsste sich in deren Leben ändern?

Erweiterung erlauben

- **Stellen Sie sich vor, eine Person zu sehen, zu der dieses Verhalten überhaupt nicht passt, die ein solches „Symptom“ niemals bekommen könnte.**
- **Seien Sie neugierig welche Person vor Ihrem inneren Auge erscheinen wird.**
- **Beschreiben Sie genau, was Sie wahrnehmen**
- **Welche Eigenschaften hat die Person?**
- **Wie genau lebt sie ihr eigenes Leben?**
- **Welche Werthaltungen und Ideale hat die Person?**

Identifikation verinnerlichen

- *Wenn man lebt wie die Person, wie fühlt man sich dann?*
- *Wo genau spürt man die Gefühle?*
- *Wie spürt man die Gefühle?*
- *Was für ein grundlegendes Lebensgefühl ist das?*
- *Was ändert sich im Leben?*
- *Was genau ist anders?*
- *Woran kann man das konkret merken?*
- *Was werden andere Personen darüber sagen?*

Ressourcen der vom Symptom freien Person nutzen

- Was würde die vom Symptom freie Person raten?
- Schauen Sie mit den Augen der Person auf eine andere Person, die diese Symptome noch hat
- Was denken Sie mit den Symptom freien Augen über die andere Person
- Was können Sie als Person, der das Symptom völlig fremd ist, denken?
- Was würde Sie als Symptom freie Person raten?
- Was könnte man an deren Stelle tun?

Resilienzen mit „Metaphern“ aufspüren und begleiten.

Schon immer in unserer Tradition, wie auch in der Kultur anderer Länder, haben Geschichten, Märchen, Mythen, Sagen und Erzählungen die Menschen beeindruckt und ihre Phantasie beflügelt. Man kann, wie in Träumen auf Reisen gehen oder, wie bei Lesen eines Buches, mitreisen in die Welt der anderen.
Am Beispiel Altenheim ist es mir besonders deutlich geworden, dass Menschen in ihrer eigenen Welt leben. Übrigens kennen wir das auch aus der Politik, Management, Bankwesen, oder in Organisationen, die scheinbar nur in ihrer eigenen Welt leben. (z. B. Vatikan, Bergsteiger, Forensik, Zirkus) In Altenheimen oder häuslichen Situationen habe ich etwas beobachtet, was Mut macht in der Fortbildung der Pflegenden, angewendet zu werden, die ich sehr bewundere und achte wegen ihrer außergewöhnlichen Energie mit der Situation immer wieder fertig zu werden. Das sind die heimlichen Volkshelden aus meiner Sicht; sie sind resiliente Menschen. Leider reicht oft die Kraft zum Durchhalten nicht für ein Berufsleben. Nach 6 – 7 Jahren geben diese Helfer auf, um nicht in den Burn Out zu gelangen. *(Zeitnot, Personalmangel, Überstunden, schlechte Bezahlung, wenig Urlaub und emotionaler Zehnkampf, oft ohne Pausen.)*

Zur Sache:
Da finden sich Menschen mit zeitgleich vorhandenen multimorbiden Zuständen wieder, die in einer multikomplexen Lebenssituation ausharren müssen. So sind Diabetes, Demenz, Seh- und Hörschwäche, Schwindel, Infektionen, Rheuma, Arthrose, Gedächtniseintrübung, Angstzuständen, seelische Verarmung und Einsamkeit gleichzeitig zu finden. Es ist nicht selten, wenn 4 – 5 verschiedene Psychopharmaka verabreicht werden, nicht die gleichzeitige Einnahme von Schmerzmitteln oder Antibiotika zu vergessen. Dass sie, ohne Einverständnis systematisch durch geimpft werden, versteht sich von selbst. Die Absprache in Bezug auf eine Willenserklärung durch gesetzliche Vertreter unterbleibt einfach. Jedenfalls hat man in früherer Zeit, wo es noch Sterbebetten zu Hause gegeben hat, einen solchen Menschen nicht über die Vielzahl von Krankheitsbefunden definiert, sondern ihn einfach als alt bezeichnet. So leben die Menschen also zurückgezogen in ihrer, meist vergangenen, Welt. Manche sind zufrieden!
Als ich einmal, anlässlich eines Gesundheitstages, als Gast am Bett sitze, noch so recht ohne Kontakt, versuche ich mich auf das zeitweise auftretende Summen der alten Dame einzulassen und summe mit ihr. Nach einer Weile bewegt sie ihre Hand in meine Richtung, die ich zaghaft ergreife. Es scheint einen Rhythmus zu geben in der Bewegung ihrer Finger. Ihre Gesichtsphysiognomie ändert sich, wirkt entspannt. Ich frage nach ihrem schönsten

Erlebnis aus ihrem Leben. Sie flüstert etwas von Tänzerin und Orchester, was sie früher einmal geliebt hat. Wir finden gemeinsam die Melodie von Carmen, einer Komposition von Jemandem, der nie selbst in Spanien gelebt hat. Ein Lächeln huscht über ihre Gesichtszüge. Als ich ihr vorschlage die Melodie und ihre Gefühle in einer wertvollen Truhe aufzubewahren und die Truhe sorgfältig zu schließen, flackern ihre Augenlider, ihre Gesichtszüge glätten sich und ein paar Tränen rollen die Wangen herunter. Als ich die Tränen abtupfe, flüstert sie, indem sie meine Hand drückt: „Kommen sie bitte wieder."
Etwas ist offensichtlich durch Phantasie und Imagination lebendig geworden.
Ein älterer Mann, halbseitig gelähmt, sitzt Monat für Monat stumm am Fenster ohne jede Regung, ist normal, nimmt aber an keinem der Angebote aus dem gut geführten Hause teil. Ich darf ihn besuchen, weil die Töchter darum gebeten haben. Ich weis aus der Tätigkeit als Clowndoktor, wie Humor bei den Kindern mit schwersten Erkrankungen oft ein gelöstes Lachen hervorrufen kann. Der Mann erscheint mir wie jemand, der früher einmal vital und kräftig gelebt haben muss, vielleicht sogar in einer Führungsrolle. „Was würden sie am liebsten erinnern, wenn sie, so wie jetzt, still aus dem Fenster schauen", frage ich. „Bachus", ist seine einsilbige Antwort. Ich habe Glück, die Töchter haben mich gewarnt, dass er nicht sprechen würde. Ich warte ziemlich lange, bevor er sagt: „Mein Pferd hieß so, ein brauner Wallach, Hannoveraner." Sein Atem geht deutlich schneller und sein Kopf ist nun erhoben. Wir kommen in ein Gespräch über das Glück mit dem vierbeinigen Freund, den er jahrelang geritten hat. Er war ein guter Reiter, der die Natur geliebt hat, wenn er durch die Wiesen und Felder geritten ist. Ich versuche eine Imagination, ob er bildlich von erhobener Situation aus, sich beim Reiten beobachten kann, ganz ohne Ballast und ohne Gepäck. Vielleicht durch die Wiesen..... Er wirkt jetzt sehr lebendig und spricht traurig von dem Verlust des Tieres, den er nicht verwunden hat. Der Geruch von frischem Gras ist ihm im Moment in Erinnerung. Er schmunzelt in sich hinein. Aus einer Tasche soll ich ein Foto, mit ihm als Reiter, hervorkramen. Lächelnd stellt er es, mit seinem noch beweglichen Arm, ans Fenster. ***Sein innerliches Bild wird so konkret und positive seine Fähigkeiten werden im wieder bewusst. Gefühle kennen keine Demenz!***
Eine Kollegin aus der Fortbildung zum Klinikclown erzählte unter Tränen ihre Begegnung mit einem 83 jährigen Mann im Altenheim. Sie hatte keinen Kontakt, keine Resonanz auf Ihre Bemühungen erhalten. Musik, Hautkontakt, Riechfläschchen, Luftballons, Märchen, altersgemäße Musik aus der Jugendzeit des Patienten was sie auch versucht hat. Trotz Zeitnot erlaubte sie sich abzuwarten, wissend auf den Ärger, der ihr bevorstand. Sie spürte aber intuitiv, dass sich das Warten lohnen könnte. Nach ca. 20 Minuten nahm der Mann ihre Hand und sagte: „Ist alles nicht so schlimm". Beide konnten sich ihrer Tränen nicht erwehren.

<u>Wichtig ist, dass unser Gehirn nicht unterscheiden kann, ob Situationen real, oder nur visualisiert sind.</u>

Die Geschichte der Wahrheit

Ich weiß nicht ob sie die Geschichte kennen von dem Mann der sich schuldig fühlte und in die Wüste wanderte und nach dem suchte, der ihm die Wahrheit sagen sollte, die Wahrheit wie er damit umgehen sollte, was andere Menschen getan haben und die Wahrheit ob er auf all das achten sollte, was andere von Ihm erwarteten und er kam zu einem und fragte: „Kannst du mir sagen was die Wahrheit ist?" Der Mann sagte: „Dazu brauchst du fünf

Jahre.“ Der Wanderer war ungeduldig und sah sich nach anderen Lehrern um und besuchte Philosophen, Heilige, Priester, aber keiner konnte ihm sagen worin die Wahrheit bestand und er wurde nicht müde weiter zu suchen.
Nach fünf Jahren, völlig erschöpft, kam er an einen Ort der ihm irgendwie vertraut war. Er näherte sich einem Haus mit einem Baum unter dem ein alter Mann saß. Und dieser Baum hatte eine einzelne Frucht, die deutlich zu sehen war. Und er kam näher und erkannte den Alten unter dem Baum. Es war der erste seiner Lehrer und er sagte: „ Das ist doch der Baum der Wahrheit und der Befreiung. Warum hast du mir nicht das nicht gesagt?“

„Ja, ja,“ sagte der Alte. „Erstens, hättest du mir nicht geglaubt und zweitens kommst du gerade recht, weil der Baum hat nur alle fünf Jahre eine Frucht; welch ein Glück.“ „Aber was ist die Wahrheit,“ fragte der Wanderer. „Ich weiß es nicht, was ist diese Geschichte mit deiner Unruhe, zu tun hat, die Wahrheit kann ich dir auch nicht sagen. Aber ich kann dir erzählen, was man dafür hält.

Das ist wie mit dem alten chinesischen Mann, der schlauer war, als alle seine Freunde. Da gab es eine Art von Affen und dies Affen waren sehr schön und pussierlich und jeder wollte sie als Haustiere aber sie waren so schnell, dass sie niemand fangen konnte. Aber der Alte wusste, dass sie gerne Reis aßen. Er nahm Kokosnüsse, höhlte sie aus, ließ ein kleines Loch, füllte sie mit dem Reis und band sie fest. Dann versteckte er sich und es dauerte nicht lange da kamen die pussierlichen Tierchen von den Bäumen und stürzten sich auf die Kokosnüsse und sie langten in das Loch und nahmen eine Faust voll Reis und kamen nicht wieder raus, weil sie den Reis nicht los ließen.

Jetzt könnte man sagen, die Affen waren dumm, man könnte auch sagen , der Alte Mann war hinterlistig, weil er sie fangen wollte, aber man könnte sagen die Affen hatten sich entschlossen nicht loszulassen. Sie wollten nicht. Keiner weiß was aus ihnen geworden ist.“

Die Selbstwirksamkeit der Entscheidung - wesentliche Resilienzenergie

Hypnotische Reiseanleitung zum innersten Raum der Resilienz

Eventuell durch eine vertraute Person sehr, sehr langsam, achtsam mit Pausen vorlesen lassen.

Diese Reise ist immer dann gut, wenn nicht so ganz klar ist, wohin es gehen soll, oder um was es sich eigentlich handelt. Und wo noch keine genaue Vorstellung darüber besteht, wie das Problem gelöst werden könnte. Wo eine Hoffnung, ein Wunsch nach Veränderung, eine Sehnsucht - vielleicht sogar - besteht. -Vielleicht ist es ganz gut, dieses Problem wörtlich zu nehmen und zu schauen, wohin du es mitnehmen wirst. Manchmal stehen wir vor dieser Frage: Was brauche ich jetzt eigentlich, um neue Wege zu gehen? Was wird mir helfen? Was, um mich weiter entwickeln zu können? Welche Fähigkeit, welche Eigenschaften meiner Person, welche nicht gelebten Anteile können mir dabei hilfreich sein?

Manchmal wissen wir mit dem bewussten Denken überhaupt keine Antwort oder eine Ahnung - und wir kommen auf die Idee, unser Unbewusstes zu fragen was es seinerseits dazu denkt oder meint oder uns zeigen kann. Vielleicht ist diese Reise eine Reise genau zu einer Antwort deines eigenen Unbewussten darauf, mit der Frage, was brauche ich gerade?

Welche Seite, die eigentliche Seite in meinem Inneren, kann mir weiterhelfen?
Und so kann es sein, dass du diese Reise antrittst, mit einer Frage zu einem bestimmten Lebensbereich oder einer allgemeinen Neugier, oder wie du Dinge anders nutzen kannst als bisher. Und so beginnt diese Reise in die innere Welt bei dem was ist, was du fühlst, bemerkst - hörst - wahrnimmst. - Wie jede Reise beginnt sie mit dem Körper mit den Empfindungen die in diesem Moment da sind. Was empfinden die Hände? – Ruhe – Kühle - Lust auf Bewegung, Wärme Kraft. - Was teilen die Hände den Beinen mit, über die Bedürfnisse der Unterschiedlichkeiten des Körpers? So vieles kann gleichzeitig da sein. Und vielleicht kann ein Teil sich bereits beginnen sich zu entspannen, während andere bereits einen Weg in die Trance gefunden hat. Manchmal bemerkt man gleichzeitig, dass Teile bereits tief in Trance sind, während andere denken, sie sind noch ganz wach. - Vielleicht gibt es ja auch so etwas wie eine Quelle für die Trance, aus der heraus sie sich entwickelt. Und wenn du durch den Körper wanderst, reist, - wirst du sehr genau spüren - bemerken wo sich die Trance auf dem Weg nach innen bereits vertieft und wo sie auf diesem Weg zwei drei Schritte hinterher ist. Entwickelt sie sich in Wellen oder wie ein gleichmäßiger Strom? Ist es das Ausatmen oder beim Einatmen, dass es dich Schritt für Schritt nach innen führt, weiter oder - näher und während deine Ohren meiner Stimme folgen, braucht es vielleicht einfach eine innere Erlaubnis: „Geh weiter – tiefer, tu den nächsten Schritt,“ - so dass das hier draußen unwichtiger, unbedeutender wird, beiläufig – etwas, was da ist und doch nicht da ist - wo viele Empfindungen des Körpers eine Rolle spielen und gleichzeitig - das Loslassen um so vieles angenehmer ist.

Wie so oft ist der Weg nach innen ein Weg in Landschaften, innere Landschaften - Seelenlandschaften und möglichst sucht sich dein Unbewusstes eine innere Landschaft aus, die mit dem zu tun hat, wofür du diese Frage stellst: „Was brauche ich? Was finde ich? Was wird sich in mir melden? Was wird mir den nächsten Schritt zeigen oder ermöglichen? Welcher Weg wird das sein, der sich in dieser inneren Landschaft auftut – ist es ein Weg auf weichem Boden – oder auf festem, auf was treffen deine Füße? Ist es Erde - ist es Stein - oder Sand - Gibt es Wasser – Hügel - Welche Farben leuchten und schweben in dieser Landschaft? - Wodurch ist das Licht gefärbt? - Gibt es eine Quelle oder auch die Sonne? – Wie ist der Duft, den diese Landschaft atmet - der Klang- in der sie schwingt? - Die Art und Weise, wie deine Füße selbstverständlich gehen, ob es kleine Schritte sind, oder kraftvolle große, die dich weiterführen - und irgend wann auf diesem Weg durch die Landschaft - wo sich manches noch ändern mag, kommt der Moment, wo du bemerkst, dass der Weg auf ein Haus zuführt und beim Näherkommen, bemerkst du, das dieses Haus am Ende des Weges, ein besonderes Haus ist, auf das du zugehst, ein besonders Haus auf eine Weise, - das es dein Unbewusstes Haus sein kann - was sich vielleicht noch ändern kann, ein Bild das dein Unbewusstes gestaltet mit den vielen Seiten in dir, die du manchmal nutzt und manchmal verlässt - und es ist gut Ideale zu haben, um heraus zu finden welche

Dinge dir gefallen. - Wie ist das Dach, wie sind die Fenster? - Gibt es einen Garten? - Wo ist das Schild mit deinem Namen, damit du genau weißt, dass es dein eigenes inneres Haus ist, bei dem du ankommst. – Ankommst in inneren Räumen, in Räumen die für dich sind - sehr eigen - sehr besonders und ich weiß nicht mit welchem Gefühl du die Tür öffnest, die dich zu deinem eigentlichen innersten Raum bringen wird. - Gibt es vertraute Dinge Gegenstände, ein Geruch? Oder sind es andere Dinge unerwartet, neu, der Boden? Die Wände? Das Licht und die Farben, auf die du erst einmal triffst?

Wenn du bei dir ankommst – und in dieses Haus tiefer hinein zu gehen vermagst, dann heißt es auch an verschiedenen Türen vorbeizukommen - jeder Raum ein bestimmter Raum deiner Person und es gibt viele Räume, an denen du vor rüber kommen magst - die dich reizen, hinein zu schauen - und vielleicht ein Raum der Erinnerung und du bist neugierig darauf, wie es im Inneren des Raumes genau sein wird. - Wirf ruhig einen Blick hinein - ist es gut geordnet? Übersichtlich? - So daß du genau weißt, wo du etwas findest - oder ist das Durcheinander so groß, dass es Überraschungen gibt? - Sind Dinge gut verschlossen oder jederzeit einsichtig? Dennoch ist dies nicht der Raum, der das Ziel dieser Reise ist und die Antwort auf diese Frage bietet - und wenn du weiter gehst, kannst du auch an dem Raum der Träume vorbeikommen und die Farben der Träume, die Träume der Nacht anschauen, die Träume des Wunsches und er Vision - denen es möglich ist, von dem was sein sollte zu erkennen. - Und du bist überrascht und auch dieser Raum ist nicht das Ziel der heutigen Reise - Ich bitte dich, nach einen bestimmten Raum Ausschau zu halten, der für das Zentrum - die Mitte - für das, was immer ist – was tief drin ruht Ausschau zu halten, auch wenn es manchmal von außen abgelenkt wird - Der Raum, der für Beständigkeit steht, für das was immer schon da war und manche Menschen nennen diesen Raum den innersten Raum

Selbst wenn es nicht wirklich im Innersten des Hauses ist, es kann sein, dass du einen Gang gehen musst. - Bevor dich deine Schritte zu der Tür lenken, mach dir klar, dass es sich um eine ganz besondere Tür handelt. - Eine besondere Tür, die alles sorgfältig abschirmt, - gut geschützt die Dinge bewahrt, eigene Klarheit finden lässt. - Wissen, dass hinter der Tür das eigene Innerste liegt, fürsorglich beschützt, bitte ich dich, die Tür, wenn du hinein gehst, auch sorgfältig zu verschließen, damit der Zauber und der Inhalt erhalten bleiben. - Dann deinem Blick Zeit zu geben, um sich daran zu gewöhnen, was du vorfindest - so viele Arten, die das Unbewusste dir zeigt - es gibt keine Regel für das, was du finden wirst – Gegenstände - Farben - Symbole. Manchmal entdeckt der Blick erst nach einiger Zeit, was alles vorhanden ist. - Was in diesem innersten Raum zu finden ist - manches ist sofort sichtbar - anderes ist vielleicht zugehängt, so wie man Möbel über längere Zeit schützen will, wenn sie nicht benutzt sind - aber irgendwann wird es ganz deutlich sein, dass, was du suchst - was du findest und wofür du hergekommen bist - für die Frage, wie dein Problem gelöst werden wird - die Hand wird sich ausstrecken danach, wofür du gekommen bist - der Blick wird mit Sicherheit wissen, was du brauchen wirst - auch wenn der Kopf noch einiger Zeit brauchen wird, um zu verstehen aber die innere Stimme weis genau, was du mitnehmen willst - was schweigen oder leuchten will - den Weg in die Freiheit.

Das Besondere ist - das du etwas mitnehmen kannst und es bleibt zugleich in der sicheren Quelle vorhanden, die Quelle der Gesundheit und es ist in Ordnung die Hand danach auszustrecken und sofort zu spüren, welche Wirkung es für dich hat. - Selbstverständlich, nicht nur Worte - wenn du es dann genommen hast und in irgend einer Wiese zu dir genommen hast, da beginnt bereits der Weg aus diesem innersten Raum heraus - und es ist wieder wichtig die Tür sorgfältig zu schließen, ebenso wie bei Gelegenheit einen anderen Raum aufzusuchen, der dich ebenfalls reizt und wenn du die Schritte zurück gehst durch das Haus, kann es sein dass du einen Raum findest, den du zu einer anderen Zeit und an einem anderen Tag betrachten möchtest. Auf dem Rückweg aus dem Haus entdeckst Du eine kleine Tür, eisern, haltbar als würde sie etwas Wichtiges beinhalten. Und tatsächlich sie hat etwas von einem Schaltraum, indem Geräte Monitore, Schaltuhren, Apparate wie Stromerzeuger, Wasseraufbereitung und ähnlich aussehen. Eines der Geräte interessiert Dich besonders und Du gehst darauf zu neugierig und erwartungsvoll. Du findest einen Regler, wie Du ihn kennst von jedem Herd und von jeder Schaltuhr. - Sofort weißt Du wofür die zahlen rund angeordnet um den Zeiger herum gruppiert von 1 bis 10. Und in dem Moment indem Du Dich an Deinen Schmerz, Deinen Kummer, Deine Sorgen erinnerst, an Deinen Darm, Dein Herz – ganz gleich - weißt Du was Du nach Deiner Rückkehr tun kannst. Deine inneren Helfer wissen genau darum.

Wenn Du den Regler mit der Hand drehst von der Richtung 10 in Richtung 1, wirst Du bemerken, wie Dein Thema ebenfalls reagiert, schwächer wird - so wie Du den Regler nach unten drehst. Du erinnerst Dich den jenen ruhigen und kraftvollen Raum, an dem Du gut entspannen kannst und in Trance gehen gelernt hast, und weil das innere Wissen damit beschäftigt ist, was du gefunden hast, etwas Bedeutendes Deiner inneren positiven Kraft, Deiner Resilienz, die in Dir schlummert, ist es jetzt gut das Haus zu verlassen. - Wenn du im Freien stehst, wirst du es bemerken - einen Weg des Findens des Entdeckens. - Wirst du behutsam schlendern? Große Schritte tun? Was wird geschehen mit dem, was du mitgenommen hast – wird eine Ahnung lebendig - frei - sicher - mit einer Idee, was es bewirken wird - und wenn es noch nicht klar ist, ist es auf dem Weg heute Nacht - oder Morgen in einem Traum, oder Tagtraum, - sich weiter zu entwickeln - oder sich zeigen - oder einen Unterschied machen. - Wie der erste Schritt sein wird, so kann es sein, das ein Teil deines Körpers wieder wach ist - oder noch in Trance - und es gibt den Teil der Neugier, der diese Seite lockt und lockt, wach zu sein - die Füße zu bewegen und das Strecken und Dehnen zu beginnen auf dem Weg in das Neue und sobald sich die Augen öffnen, kann es sein, dass der Beginn des Neuen sich zeigt und als Antwort auf die Frage was tue ich? - Was entdecke ich als nächstes?

Und so, als wenn du lange genug auf einer Parkbank gesessen hättest, und es Zeit ist nach Hause zu gehen, bewegst du dich -langsam - spürst vielleicht einen Atemzug, ein Schlucken, eine kleine Muskelbewegung, irgendwo im Körper, ein Lidflackern, eine Fingerberührung, die dir genau den Weg zurück hierher zum wach sein zeigten- und fühlst dich erfrischt und wach zugleich. ***Hallo, hier wieder von der Reise zurück....***

Nachdenkliches zur Notwendigkeit individueller Resilienz

(Resilienz: Biographisch erlernte Widerstandskraft gegen Krisen - Motiv zum positiven Eigenschaftsverhalten, trotz Belastung)

Das Bedeutungsvolle zuerst:
Etwas ist der Menschheit kollektiv gegeben, egal welches Geschlecht, welche Religion, welche Kultur, welcher Kontinent, wir können unseren Atmen nicht willentlich anhalten. Bestenfalls für Minuten, bei langjährig trainierten Marine- und Schwammtauchern und Fakiren etwas länger.
Wir schnappen nach Luft, mir bleibt die Luft weg, erst mal durchatmen, halt erst mal die Luft an, so lauten alltägliche Sprüche. Dahinter verbirgt sich die universelle Energie, die mit dem Atmen verbunden ist. Die Veränderung der Atemfrequenz bei Stress, die Verlangsamung bei Meditation, eine Auswirkung von Harmonie durch Atembegleitung beim Singen, die Faszination den ersten Atemschreis eines Neugeborenen zu hören oder vergeblich zu versuchen den letzten Atemzug des Sterbenden wahrzunehmen oder ein Bewirken des akustisch, spontan hörbaren Atemausdrucks beim Liebesakt. In arabischen Ländern spricht man vom Partner als dem „Mitatmenden". So ist der Atem der Urgrund einer natürlichen Resilienz, die man als Kraft zum Durchhalten, als Steh auf Mentalität und Widerstandsfähigkeit gegen Krisen beschreiben könnte. Auch Vis Vitalis, Prana, Odem oder Lebensenergie genannt. Eines kommt noch hinzu. Resiliente Menschen haben offenbar eine **Achtsamkeit** gegenüber ihrer eigenen **Empfindungskompetenz**, der sie Beachtung beimessen. Will heißen:
Verstand, Logik, Gefühl und Emotion verlieren Ihre Priorität, wenn die achtsame und autonome Empfindung vergleichend eine individuell und oder kollektiv bedeutsame Sinnentfremdung registriert.

Wir leben in multikomplexen Systemen und versuchen mit wissenschaftlicher Logik, Umfragen, Datenanalysen und Veröffentlichungen den Eindruck zu erwecken, die Dinge zu beherrschen. Dabei sind Ereignisse eben nicht vorhersehbar. Fokuschima, Oelpest, Bankenkrise, Überfischung, Ozonsituation, Kriege, Flüchtlingsströme, usw. Andere komplexe Systeme (Börse, Gesundheitswesen, Militär, Klimawandel, Politik, u. a.) agieren aus sich heraus; sind nicht vorhersehbar. Fachspezialisten sind meist nicht in der Lage interdisziplinär zusammen zu arbeiten. (Meeresplankton wird nicht zur Sauerstoffherstellung genutzt, obwohl Trinkwasser mit Medikamentenresten Rückstände bildet) C. G. Jung sagt dazu, dass Emotionen alles Unwichtige verbrennen. Die Intuition lässt uns also zu einer Entscheidung kommen, die gegen Logik bestehen kann. Professor Gigerenzer *(Psychologe Max Planck Institut)* nennt es treffend eine „Illusion der Gewissheit", die wir uns selbst vorgaukeln. Intuition zu nutzen wirkt wie eine persönliche individuelle Resilienz.

Während wir die Demokratie virtualisieren, vergessen wir die Demokratisierung der Virtualität. Auch wer sein Smartphone ungenutzt im Schrank lässt, entgeht der Internetdominanz nicht. Sprechende Lap Tops, sich automatisch meldende Kühlschränke und Roboter mit konkreten Anweisungen an ihre menschlichen Helfer werden unsere Zukunft beeinflussen. Schulen ohne handschriftliche Arbeiten, Autos, die autonom

Personen von A nach B befördern, werfen bereits ihre Schatten voraus. Also sollten wir bereits im Vorfeld resignieren, weil sowieso ein Roboter im Altenheim für die Pflege bereitgestellt werden wird? „Industrie 4. Null" kennzeichnet, ohne erkennbaren Bezug zum Begriff, dass Maschinen zukünftig Menschen in ihre Arbeitsabläufe einbeziehen werden; nicht umgekehrt! Global gesehen, sollen Unternehmensinvestitionen dadurch geschützt werden, dass ohne Gerichtsbarkeit, Staaten verklagt werden können, schon wenn Unternehmensinteressen *(Gewinne)* gefährdet scheinen. Die demokratisch gewählten Parlamente werden durch den perfiden und wohlklingenden Begriff Freihandelsabkommen ausgehebelt zum Freibrief für das Gegenteil. Beim Abkommen zwischen USA Canada und Mexiko sind die Lohnzahlungen von 18 Dollar p. Std. auf 6 Dollar pro Tag gesunken, weil die Produktion nach Mexiko verlagert wurde. Die Arbeitslosen stehen vor den Ruinen der Autozulieferer in Detroit und anderswo. So wird Resilienz des einzelnen nötiger denn je. Ein stellvertretendes Beispiel:

Die Bewohner der Arktis orientierten sich Jahrhunderte lang an den Sternen und Landschaftsformen im ewigen Eis. Seit sie GPS Navigation nutzen, verlaufen sie sich ohne Orientierung. Eine indianische Weisheit deutet auf den fehlenden naturbezogenen Sinn hin. „Erst wenn ihr den letzten Baum gerodet und Flüsse verseucht habt, werdet ihr merken, dass man Geld nicht essen kann".

Humorvoll symbolisch gesagt, gibt es drei Arten wirkungsvoll zu einem Ruin beizutragen.
Mit Alkohol der Lustigste.
Mit Frauen der Schönste.
Mit Fachleuten der Sicherste.

Wie und wodurch, psychodynamisch gesehen, wirkt Lernen bei den Menschen?

- **Ein Lernvorgang bei Krisen wird vorwiegend schmerzhaft erlebt.**
  Sackgassengefühl, nichts geht mehr, man hat bereits alles versucht….
- **Ein Lernvorgang durch Schicksal wird als zäh und lang dauernd empfunden.**
  25 Jahre andauernde Pflege der gelähmten Mutter…
- **Ein Lernvorgang mit Extase wird als leicht und schnell wahrgenommen.**
  Hochzeit, Berggipfel, Orgasmus, Geburt, Diplom….

Lernen, für sich allein genommen, besteht nicht ausschließlich im Ansammeln von Wissen, weil zu lernen bedeutet, sein eigenes Verhalten zu ändern. Meint:
Ein Schriftsteller, mit erfolgreicher Veröffentlichung mehrerer Bücher zum Thema Scheidung, hat eine große Menge Wissen angehäuft, hat aber selbst nichts gelernt aus seinen eigenen sechs Trennungen. Eine Gesundheitsförderung im Sinne der Salutogenese *(Förderung der Gesundheitschancen, statt Augenmerk nur auf Risikofaktoren zu lenken)* tut Not, auch wenn das Umfeld üblicherweise von mutiger, individueller Selbstverantwortung skeptisch abrät. Psychotherapeutische Gespräche vermögen im Gehirn die gleichen Botenstoffe auszulösen, wie ein chemisches Medikament, denn Gedanken können Blutdruck, Herzfrequenz, Atmung und Emotion beeinflussen. Das „Verstehen" ist deshalb ein unfreiwilliger, psycho – sozialer Eingriff in ein individuell, autonom, funktionierendes

hormonell, immunologisch, sich regulierendes und selbständig änderndes, multikomplexes System. So die grundsätzlichen Gedanken zum umdenken.

Wie und wodurch die Bedeutung der Ziffer „Sieben" überliefert wurde.

- Sieben Weltmeere - Sieben Planeten - Sieben Kontinente - Sieben Wochentage - Sieben magere - sieben fette Jahre (Bibel) - Sieben hermetische (kosmische) Gesetze
- Sieben Jahre reift ein Weinberg; man erntet sieben Liter Wein - Rom und Istanbul wurden auf sieben Hügeln erbaut - Wir kennen sieben Mondphasen
- Sieben Metalle werden den Planeten zugeordnet - Alle sieben Jahre geschieht die Zellerneuerung - Sieben Öffnungen im Schädel - Sieben Chackren des Körpers - Sieben Archetypen (Charaktere nach C. G. Jung)
- Sieben Pflanzengruppen nach Dr. med. Bach - Sieben auf einen Streich (Grimms Märchen) - Schneewittchen und die sieben Zwerge - Sieben Farben hat der Regenbogen - Über sieben Brücken muss du gehen (Schlagertext) - Am siebten Tag sollst du ruhen (Bibel) - In sieben Tag die Welt erschaffen (Überlieferung)
- Sieben Kreise (mit Drittel des Durchmessers) passen in einen Kreis - Sieben mystische Zahlenadditionen ergeben in Quersumme die göttliche Zahl (1+2+3 usw.) - Sieben Leitersprossen am Heiligtum in Mekka
- Sieben Speisen werden in Persien auf den Teller gelegt (ein Silvesterbrauch) - Das verflixte siebte Jahr (Scheidungshäufigkeit, Beziehungskrisen)
- Sieben Phasen der Entwicklungslehre nach Pamela Levin (Cycles of power)

Sieben Thesen zur Resilienz:

- ***Wir haben genügend positive, innere Bilder zur Verfügung. (Prof. Hüther)***
- ***Ermutigung ist der Schlüssel zum persönlichen Wachstum (Dr. Alfred Adler)***
- ***Ohne Hinwendung auf die zu lernenden Reize geschieht nichts. (Prof. Spitzer)***
- ***Nur der Arzt im Menschen macht uns gesund. (nach Aristoteles)***
- ***Wir müssen uns unsere inneren Bilder vorstellen, um sie zu nutzen. (Prof. Dr. L. Reddemann)***
- ***Angst ist nur die durch Umfeld ausgelöste Gefühlsreproduktion. (Mowrer)***
- ***Erziehung sollte Kindern Flügel und Wurzeln für ihr Leben verleihen. (aus Arabien)***

Welche Bilder werden ggf. allein durch Sprache und Wortwahl unbewusst hervorgerufen?

- *Ein Medikament ohne Nebenwirkungen steht im Verdacht, auch keine Hauptwirkung zu erzielen.*
- *Heilungen interessieren mich nicht, weil sie nicht wissenschaftliche kontrollierbar sind.*

- *Sie können ruhig das Medikament vom Heilpraktiker nehmen, das wirkt sowieso nicht.*

Überhaupt sind es die Bilder, die uns bestimmen. In den Köpfen und in den durch Bilder hervorgerufenen und geprägten Gedanken entstehen die Handlungen. Gesundheit ist ein lange geprägtes Schlagwort, das für sich allein nichts bewirkt. Im Alltag nutzen wir **Stress > Belastbarkeit > Befindlichkeitsstörungen > Somatisierung > depressive Episoden > Burnout** als argumentative Prozessbeschreibung in Vorträgen, jedoch ohne Wirkung.
Notwendigkeiten und Einsicht:
Prävention bedeutet Innovation - Betriebliches Gesundheitsmanagement ist Wertschöpfung - Endgrenzung von Zeitdruck - Förderung der Selbstbestimmung und Eigenverantwortung - Positive Symbiose von Arbeit und Leben - Umstimmung des limbischen Systems durch bewusstes Training (*Stressvermeidung)* **- Entzauberung der Kontingenz als Dogma der Überforderung.** *(Kontingenz: alles ist möglich, aber eigentlich nicht notwendig)*

Unternehmensführer und Leitende müssen diese Grundsätze vorleben und den Mitarbeitern ermöglichen. Im modernen Arbeitsgeschehen ist der Mitarbeiter, der mit Tablet PC und Mail zugleich USA und China betreuen muss, zwangsläufig Opfer, ähnlich einer Marionette, die an Fäden hängt. Die Zeitverschiebung bedeutet Dauererreichbarkeit und das Handy ist Tag und Nacht eingeschaltet.
Neuer Stress: Zu viel und eiliges Essen, *(durchschnittliche Speisedauer in deutschen Kantinen 7 Minuten*) Junk Food, Fernsehen, Internet, Zeitung, Bewegungsmangel, Dauerlärm, Aktien, Unterdrückungen von Schmerz
Alter Stress: Natürliche Gefahren, Hunger, Durst, Kälte, Hitze, Katastrophen, Viren

Unsere Wissenschaftler haben herausgefunden, dass in 100 000 Jahren Evolution 0, 1% Veränderung bewirkt werden. Deshalb besteht im Kontext mit Veränderungsdruck eine ständige Überforderung in der modernen Zeit. Chronische Überforderung des Immunsystems, latente Entzündungsproblematik und Unterversorgung anderer Organe sind die Indikatoren. Selbstverantwortung und gesunde Resilienz des einzelnen sind Überlebensgrundlage gegen die Spätfolgen.
Damit die multikomplexen Zusammenhänge deutlich werden können in Gesprächs – Beratungs - Seminar- oder Coachingsituationen, müssen Wege gefunden werden klar, einfach und nachvollziehbar die nötigen Informationen zu übermitteln. Besonders schwierig, wenn Zuhörer, Kunden, Kollegen, Mitarbeiter, Klienten oder Patienten sich zeitgleich in Passivitäts - Krankheits - Heilungs- Überforderungs- und oder Verletzungssituationen erleben.
Die nachfolgenden Anregungen zu einer sorgfältigen Selbstreflexion sind Voraussetzungen sind hilfreich sich zu orientieren wie genau die persönliche Situation sich darstellt. Wir wissen aus der Überlieferung, das Paracelsus oder Hahnemann im Anamnesegespräch bis zu 200 Fragen angewendet haben, um einen Zugang zum Gegenüber zu finden. Dagegen nimmt sich die lange ersehnte Bilddokumentation (z. B. Röntgen) recht einfach aus. Die zeigt eine Momentaufnahme, ohne historische, lebensbiographische, mythisch und oder phänomenologische Belange, wie in C. G. Jung ` s Assoziationstest. - Die **P**sycho - **N**euro –

Immunologie, eine neue Form des Verständnisses von Zusammenhängen, verfolgt einen anderen Zweck. Sie sieht Krankheiten *(Störungen)* im Kontext einer Gesamtheit der sich ergebenden Wechselwirkungen.

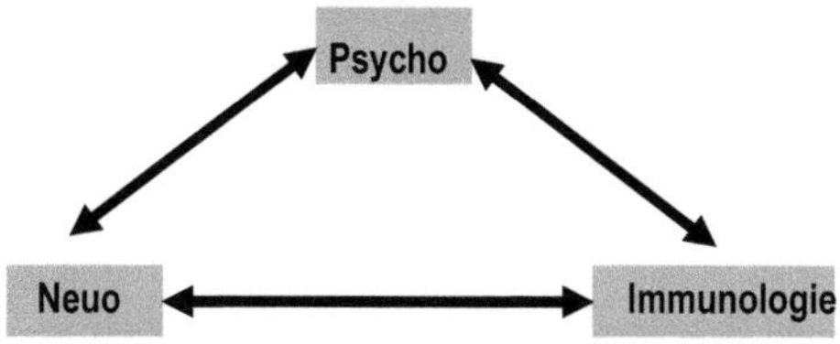

Beispiel:
Eine Stresssituation, also Kontrollverlust mit einhergehender Emotion, wirkt ebenso auf die Psyche, die ihrerseits im neurologischen Ablauf Hormone freisetzt, die wiederum die Immunlage beeinflusst. Umgekehrt können ständige Infektionen die Psyche beeinflussen und eine schwächende neurologische Folge hervorrufen oder die Psyche ist ursächlich. Um zu erkennen, wie Resilienz im Sinne einer Gesundheit wirksam ist, kann man sich der nachfolgenden Methoden bedienen, um die Erinnerungen erlebter, eigener und schützender Selbstwirksamkeit wahrzunehmen.

1.) **Film** (*Vergangenheitsorientierung in der Erlebniswelt)*
Eine Möglichkeit, ähnlich der historischen Diagnose in der Gestalttherapie oder Tiefenpsychologie aus der Kindheit, soll ermöglichen, in der Rückschau Ereignisse aufzuspüren, die ursächlich einen Grund gehabt haben könnten, und ähnlich wie Traumata, Krisen, Erkrankungen, Kränkungen im Zusammenhang stehen könnten zur aktuellen Störung.

2.) **Energie**
Wie fühle ich mich konkret in relevanten Situationen *(matt, erschöpft, ausgelaugt, leer, vital, etc.)*

3.) **Text** *(Ego)* **und Kontext** *(Umfeld)*
Ich bin in Sachen Leistungskurve in einem Unternehmen tätig, wo mein Biorhythmus den Anforderungen diametral entgegensteht. *(dauernd Frühschicht bei der Struktur einer Eule – eigene Leistungskurve abends)*

4.) **Fünf Komponenten Betrachtung**
Mögliche Betrachtung der Ereignisfelder in Wirkung auf Empfindung und nicht auf Logik. *Siehe Fragestellung.*

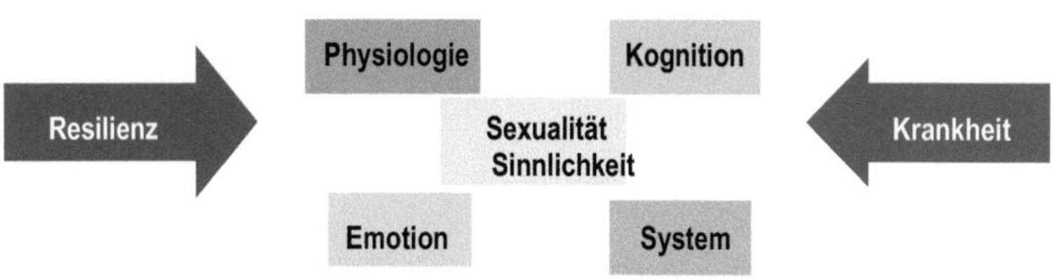

Welche der Felder (*Ebenen)* sind an meinem Unwohlsein beteiligt, dafür verantwortlich oder nachhaltig relevant? Kann ich genügend Beispiele für Selbstwirksamkeit erinnern? An welcher Stelle gibt es Mangel? Stecke ich in Grübelattacken? Bin ich emotional labil? Bin ich körperlich schwächlich? Bin ich bei Umgebungsreizen gestört? Habe ich sinnlich sexuell bedingte Mängel? Welche Märchenfigur *(Identifikation)* bestimmt mein Handeln?

<u>Nur im Gesamtzusammenhang, statt ausschließlich am Einzelsymptom, kann ein Mensch verstanden werden.</u>

Wie bedeutungsvoll äußere Reize unseres Umfeldes sein können, zeigt ein Forschungsergebnis. Zwei Räume wurden mit unterschiedlichen großen Wandbildern ausgestattet. *(Geldscheine & Blumen)* Teilnehmergruppen wurden im Interview thematisch artgleich befragt. Anschließend stellte sich heraus, dass die Menschen aus dem Geldraum ein deutlich geringeres Sozialverhalten zeigten, als Probanten des Blumenzimmers. *(unkommentierte Wandbilder)* Wir verbrennen Nahrungsmittel zu Benzin und verspeisen - nicht mehr artgerecht - Soja mit einer manipulierten Molekularstruktur (eigentlich zum Möbelbau), trinken Mengen von Kuhmilch, die Kälber innerhalb von 14 Tagen ihr Gewicht verdoppeln lassen, essen Weizen- und Zuckermengen, die unserem Darm schaden und das Immunsystem dauerhaft überreizen. (Allergiewelten)

Multikomplexe Zusammenhänge kann man nicht mit einfachsten Mitteln verändern und Konflikte sind nicht mit der gleichen Methode zu lösen, durch die sie entstanden sind. Deshalb die Anregung zu bewährten Methoden der humanistischen Psychologie zur individuellen Begleitung in Gespräch, Betreuung, Führung, Seminar- und Gruppensituation. Angemessen, weil die Sozialforschung nachgewiesen hat, dass primäre Prägungen sich im späteren Lebensraum stets wiederholen. Sie führen in Gruppenzusammenhängen unbewusst zu Problemen.

Resilienz aus dem Unbewussten

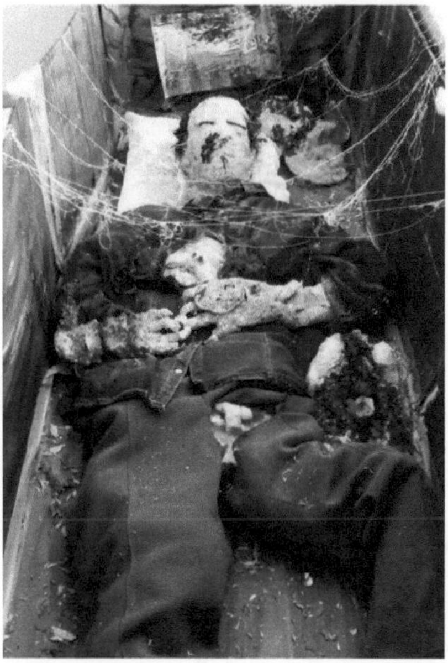

Eine Patientin in einer neurologisch, psychiatrischen Fachklinik hat sich stets häufig mit Messern in die Arme geschnitten, um ihre inneren Spannungen auszuhalten. Nur sehr, sehr schwer zu behandeln.

Eines Tages begann die Patienten aus Salzteig ihren Peiniger zu modellieren. Alles in perfekter Größe. Incl. Kleidung, etc. - In einem Sarg baute sie in ihrem Zimmer alles auf. Incl. Spinnweben.
Jetzt hat sie den Verfolger unter Kontrolle. Sie kann durchschlafen Und braucht seitdem keine eigene Köperverletzung vorzunehmen.
So hat ein krankes Verhalten trotzdem einen gesunden Nutzen.

Wirksame Methoden in Kommunikation und Begegnung

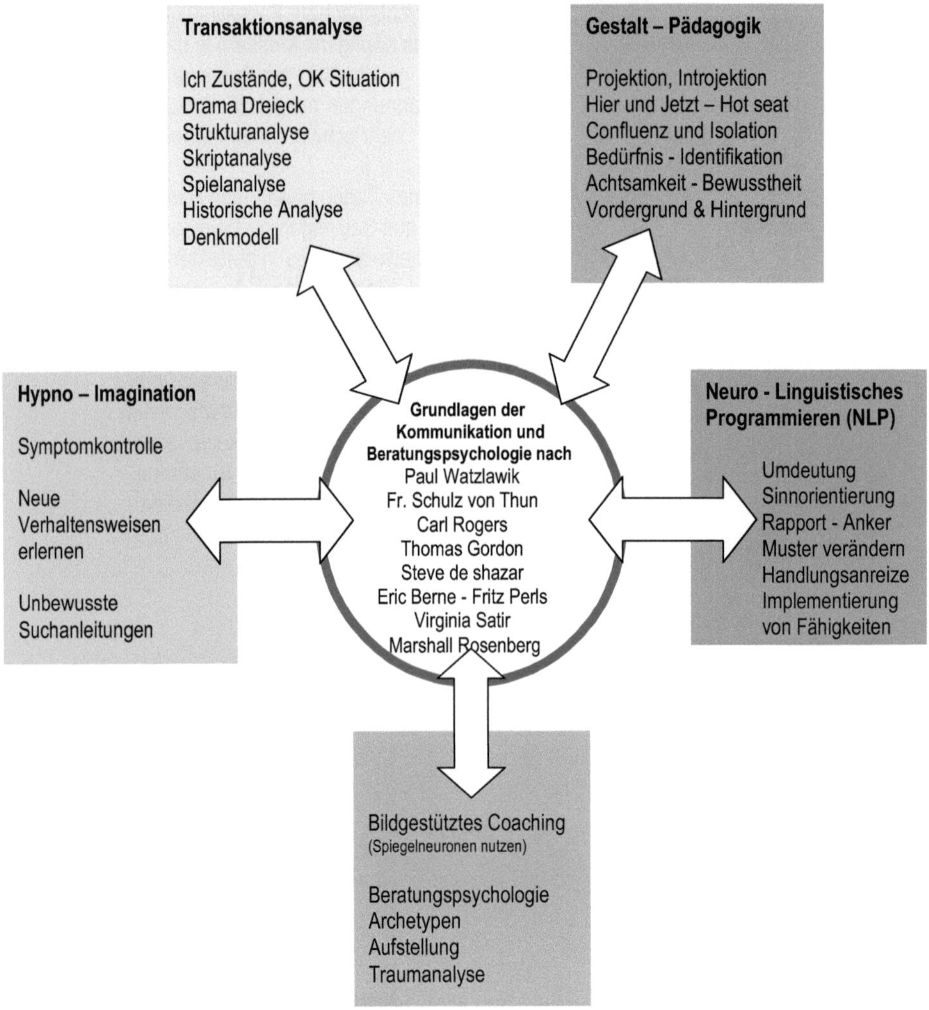

Die Methoden werden mit Fragetechniken situativ, sinnorientiert, ermutigend und mit Erlaubnis eingesetzt.

Theoretische Stufen im Beratungsprozess - Wirkweise von Beratung

- **Bedarfswahrnehmung**
- **Kontaktaufnahme**
- **Vereinbarung**
- **Klärung der Ausgangssituation**
- **Zielbestimmung**
- **Interventionen**
- **Evaluation**
- **Beendigung**

Sechs Stufen der Veränderung

Innerhalb von 18 Monaten braucht es fünf Interventionstreffen, um damit die Persönlichkeit zur Veränderung zu bewegen. *(Prochaska, Redding, Evers)*

- **Abwehren**
- **Bewusst werden**
- **Vorbereiten (Was)**
- **Handeln (Wie)**
- **Dranbleiben**
- **Stabilisieren**

Typisch erlebte Autoritätssituation

Zu beachten bei allen Interventionen sind Macht- und Statusverlust, Privilegien, Selbstverständnis und Ehrenkodex der Betroffenen. Soweit die Strukturen zur Gliederung von Beratungssituationen und dazu zwei Beispiele aus der Mitarbeiterführung. Ich hatte schon viele vergebliche Gespräch mit dem Mitarbeiter geführt, Betriebsrat und den Vertrauensmann hinzugezogen, ermahnt, angespornt, eigentlich alles versucht, um eine Verhaltensveränderung beim Mitarbeiter, Kollegen oder Partner zu erreichen.

Fallbeispiel I:

Identifikation der Hände, Herr Eilig. *(Name ist symbolisch zu verstehen)*

Es handelt sich um einen jüngren, strebsamen, einfühlsamen, kundenorientierten und erfolgreichen Mitarbeiter in einem Versicherungskonzern, indem ich als leitender Filialdirektor tätig war. Der Mitarbeiter wurde wegen Zuverlässigkeit und Begeisterungsfähigkeit ebenso geschätzt, wie für seine Bereitschaft sich fortzubilden. Die Verkaufszahlen liegen über dem Durchschnitt – er bleibt aber unzufrieden und treibt sich selbst zu höheren Leistungen an. Zu Gesprächsbeginn kommt es regelmäßig zu entsprechenden Seufzern der Überlastung. Im erwähnten Gespräch geht es zunächst um die überhöhten Stornozahlen (in der Branche üblich), die der Mitarbeiter mit seinen guten Umsatzerfolgen stets begründet. Eine wirkliche Einsicht erfolgt nicht. Meine Einwände, seine Bestrebungen immer an der Spitze zu stehen, finden nicht sein Gehör. Die Unzufriedenheit der Kunden, die kündigen kann er nicht auf sich beziehen. Die gegenseitigen Argumente eines für und wieder bringen keine Veränderung. Ich schlage ein Experiment aus *J. O. Stevens Die Kunst der* Wahrnehmung, Seite *78 vor.*

„Der Dialog der Hände". Ich biete Herr Eilig an, sich mit seinen Händen zu identifizieren. Auf der einen Seite der Anspruch hundertprozentiger Zielerfüllung – andererseits mit weniger als 100% zufrieden zu sein.

Linke Seite:
„Ich bin Spitze.
Ich bin top!
Ich habe Erfolg!"

Rechte Seite:
„Ich mache dir Zeitdruck, Ich mache die Zahlen kaputt,
du wirst nie alle Zahlen schaffen, ich sorge dafür,
dass Leute zurücktreten vom Vertrag."

Ich ermutige den Mitarbeiter die gefühlten Seiten zu interpretieren.

Linke Seite:
Wenn ich erfolgreich bin, werde ich anerkannt.
Kollegen akzeptieren mich.
Beim Chef habe ich Ansehen, auch wenn es mich anstrengt.

Rechte Seite:
Ich werde sorgen, dass du müde bist,
in Hektik und ständig in Eile.
Du schaffst es nie, alles perfekt zu machen.

Zu diesem Zeitpunkt im Gespräch wird Herr Eilig ruhiger und blickt nachdenklich auf seine Hände. Ich konfrontiere seine Anstrengung im Hinblick auf eine eventuelle Karrierebremse, die durch Krankheit entstehen könnte.(Dauerstress) Ich empfehle 90% richtig zu machen, statt 100% zu 90% zu erfüllen.
(Eric Berne, Was sagen sie, nachdem sie guten Tag gesagt haben. Seite 310) Herr Eilig beschreibt nun, dass es vermutlich nicht so anstrengend sein wird. Die Kunden nicht zu überreden, eher leise innere Warnungen bei eigenen Abschlusszweifeln besser zu achten. Er könne sich vorstellen den Verkaufsdruck zu reduzieren, um im eigenen Interesse sorgfältiger abzuwägen.
Ich spreche meine Anerkennung aus, dass er sich auf das Experiment eingelassen hat. Ein halbes Jahr später, bleiben seine Überlastungsseufzer zu Gesprächsbeginn aus und die Stornoquote hat sich normalisiert. Ein Beispiel, wie innere Bilder die Handlungen bestimmen. Durch die Identifikation im hier und Jetzt *(Gestalt nach Fritz Perls)* wird die Bewusstheit geschärft und ermöglicht eine Einsicht, ohne äußeren Zwang.

Fallbeispiel II:
Rollentausch und freundlicher Beobachter mit Herrn Schlau
Herr Schlau, 58 Jahre alt, 22 Jahr im Unternehmen, häufige Fehlzeiten durch Krankheit, häufige Kundenkündigung wegen fehlender Betreuung, Schwerbeschädigung abgelehnt, Angebot in vorgezogenen Ruhestand zu gehen wurde abgelehnt. In einem Gentlemen Agreement sind ihm vor zwanzig Jahren Reisekosten zugebilligt worden, die auch bei Fälschung nicht als Kündigungsgrund geltend gemacht würden.

Ich eröffne unser wiederholtes Gespräch mit meinem Unwohlsein, wegen Unkorrektheit kündigen zu müssen. Erkenne an, das er zwischen Arztdiagnose, Amt für Schwerbeschädigte, (zurzeit 40%) Kranschreibungen und Arbeitgeberinteressen hin und her geworfen ist. Der Hausarzt warnt wieder voll in den Beruf einzusteigen und die Ehefrau ist besorgt über seinen labilen Gesundheitszustand. Meine offene Begründung, dass meine Bezüge und die Bilanzen der Filiale die Kosten als Belastung ertragen müssen, bringen die Positionen eher weiter auseinander und verhärten die Standpunkte. Er hätte eine Aufforderung der Verwaltung bereits erhalten ungerechtfertigte Reisekosten zurück zu erstatten. Herr Schlau wird stiller, sein Gesicht entspannt sich für mich wahrnehmbar.

Ich lade ihn zu einem freiwilligen Experiment ein. Wir tauschen die Rollen und wechseln die Stühle.

Auf dem Mitarbeiterstuhl:
Ich beginne, auf seinem Stuhl sitzend, die Fahrkilometer zu begründen, oft platzen die Termine, Kunden würden mich hinhalten und im Übrigen sei ich gesundheitlich angeschlagen.

Auf dem Chefsessel:
Herr Schlau, auf meinem Chefsessel, fordert mich auf, Maßnahmen zu ergreifen, die mir neuen Erfolg ermöglichen Er versucht mir eine Frist aufzudrängen, in der ich den gewünschten Verkaufserfolg zu erbringen habe

Ich frage ihn nach seinen Eindrücken, nicht ohne meine verunsicherte Haltung auf „seinem" Stuhl zu erwähnen. Angenehm sei es auf dem Chefstuhl, so erklärt er. Anstrengend sei es, eine Entscheidung zu bewirken. Die Wahrheitsfindung sei schwierig und verantwortlich zu handeln sei wirklich schwer.

Eine Weile sprechen wir weiter, als ich ihn bitte zur Tür zu gehen und mit Abstand auf unsere Situation zu schauen. Der Standpunkt des Beobachters habe eben einen besonderen Einfluss, wegen des klugen Perspektivwechsels. Er ist erstaunt und betroffen. Wir beide, so Herr Schlau, spielen Versteck und vermeiden die klare und harte Notwendigkeit. Er sähe, dass eine Kündigung realistisch werden könne und bietet an, seine Reisekosten freiwillig zu reduzieren. Er fühle sich seit einiger Zeit bereits als geduldet. Zurück auf unseren eigenen Stühlen vereinbaren wir einen flexiblen Arbeitseinsatz, die seine Krankheitssituation berücksichtigt. Er willigt ein, über eine Abfindung zu sprechen und beschreibt sein Erstaunen in der Beobachterrolle leichter zu seiner Kompromissbereitschaft gekommen zu sein.
(Win - Win Situation, Thomas Gordon, Managerkonferenz, Seite 180, ff.)

Fallbeispiel III:
Gemalter Arbeitsplatz - Der Schulleiter als Dompteur
Im ersten Gespräch bringt es der Schulleiter auf den Punkt: „Ich muss Dompteur spielen in Vertretungsstunden meiner Kollegen, aber mein Werkzeug stammt noch aus der

Pudeldressur.“ Auf näheres Nachfragen - die Antwort dauert etwas länger – berichtet er ein Beispiel aus seinem Schulalltag. Fehlende Konzentration, Handygeräusche,
Schüler, die nüchtern zur Schule kommen, sechs nicht Deutsch sprechende Schüler aus anderen Ländern, zwei behinderte Schüler, Vorbereitung auf Leiterkonferenzen und Achtsamkeit in Bezug auf Gender - Mainstream, das sei ihm zuviel. An einem Tagsei die Toilette übergelaufen und schnell musste Abhilfe geschaffen werden. Während dessen rief einen der Schüler seine Mutter an, weil die Klasse unbeaufsichtigt ist. Die ihrerseits den Schulrat darüber informiert. Sein Gespräch ist kaum zu stoppen, weil es wie eine
Überflutung anmutet, wie der SL seine Situation empfindet. Ich bitte Ihn, einen visuellen Sinneskanal zu nutzen, statt weiter rational zu argumentieren. Es scheint, er ist froh, über diese Art Unterbrechung. Tatsächlich erscheint sein Bild irgendwie wirr und multikomplex. Ich empfehle, das ein Kollege, ohne zu sprechen, einen möglichen Umgang mit der Situation zeichnerisch dem Bild hinzufügt. So sieht man außerhalb der Schule den Naturbezug durch die bunte Blume entstehen. Erschrocken und überrascht hellt sich das Gesicht **Fremdintervention Selbstsicht SL** des SL augenblicklich auf. Er hat völlig übersehen, das es nur noch um seine Aufgaben in der Schule ging. Die Ermahnungen seiner Ehefrau fallen im spontan ein und auch die Warnung seines Hausarztes, doch endlich kürzer zu treten.

Schulleiter malt eine Schule als Zirkus.
Ist erst bewusst geworden nachdem das Bild fertig war.

Als ich bemerke, Burnout nicht ausschließlich als Krankheitsbefund anzusehen, sondern als eine eventuelle gesunde Reaktion auf schwieriges Umfeld, mit Dauererreichbarkeit, Überstunden, fehlender Anerkennung, ungenügende Möglichkeit einer eigenständigen Veränderung und Verringerung sozialer Kontakte *(Institut für Stressforschung Zürich, Schulte)* ist der Schulleiter erleichtert. Bevor ein zweiter Termin abgestimmt wird, kommt seine Nachricht. Der Amtsarzt hat einer Kur zugestimmt, er geht viel in die Natur, meditiert täglich und lernt Entspannungstechniken, u. a. Malen.
Das Bildunterstützte Coaching *(Fotos, Träume, Arbeitsplätze, Seiten 111 – 114, Loboda)* hat durch den kleinen Beitrag des Kollegen, der durch die Resonanz der Spiegelneuronen die Situation im Bild schnell und richtig erfassen konnte, eine unerwartete Einsicht bewirkt. *(innere Bilder imaginieren, Prof. Reddemann)*

Alle drei waren erleichtert, auch die durch passive Beobachtung beteiligten anderen Gruppenmitglieder.

Fallbeispiel IV

Der Erdbeertraum (Vertrauen auf innere Bilder in der Arbeitsagentur)

Im Seminar zur Wiedereingliederung arbeitsloser Frauen und Männer fällt eine Frau auf. 56 Jahre alt, zwei Jahre arbeitslos, auffallendes Übergewicht, allein erziehend, Raucherin, Bluthochdruck und einen HbA1c Wert von 10, (Diabetes) bekommt seit Monaten nur negative Bescheide auf ihre Bewerbungsbemühen. In der Gruppe erleben wir sie mit reichlich Cola, Chips und gut belegten Brötchen. Metabolisches Syndrom, so würde der Hausarzt es diagnostizieren. Im Stressinterview hält sie plötzlich inne und bekennt, dass sie schon länger zur Kur müsse, so der Hausarzt. Unbedingte Gewichtsabnahme ist angesagt. Sie hat aber Angst in fremder Umgebung. Die Gespräche drehen sich immer im das Gleiche, ohne Veränderung. Als ich sie nach dem eigentlichen Hintergrund frage, lächelt sie und erzählt Folgenden Traum. Der Traum sei seit fünf Jahren ihr Begleiter und sie wisse nicht was er bedeuten soll.

Sie träumt, dass die durch einen langen unbekannten dunklen Tunnel gehen muss. Ein unbekannter Mann im weißen Kittel folgt ihr ohne sie zu ängstigen. Am Ende des Tunnels sieht sie einen gedeckten Tisch mit Schälchen von Erdbeeren. Ihr Lebenspartner ermutigt sie dazu.

*(Wiederkehrende Träume haben existentielle Bedeutung C. G. Jung).*Ich befrage sie zu den Männern im Traum. Der Arzt rät ihr zur Kur. - Der Mann im weißen Kittel *(Pfleger auf dem Weg zur Kur im Tunnel)* Ihr Partner der sie ermuntert. Ein anderer Dozent hat ihr etwa das gleiche geraten. Und schließlich die männlichen Traumfiguren als Ausdruck eines mehrfachen positiven Animus. *(Männlichkeit)* Alles deutet darauf hin, dass sie ihre abwartende, zögernde, vorsichtige Haltung als Frau verändern darf. Alle männlichen Hinweise deuten auf das gleiche. Sie müsste die Verantwortung übernehmen für ihre eigene Gesundheit, für sich selbst. Am zweiten Morgen danach besorge ich frische Erdbeeren und fülle sie in Glasschalen, wie in ihrem Traum. Es ist das Abschlussfrühstück nach 12 Wochen. Als sie ins Seminar kommt, etwas spät, weil jeder etwas mitbringen durfte, sieht sie die Erdbeerteller und schmunzelt humorvoll vor sich hin. Dann ihre Aussage: „Ich habe mit dem Arzt telefoniert und werde doch in Kur fahren." Während wir die Erdbeeren gemeinsam essen, verschenkt sie ihre Colaflasche an eine Teilnehmerin und trinkt Sprudel. Auch ihr Sohn hatte am Abend vorher bemerkt, dass sie zu dick sei. Sie hat verstanden, dass sie handeln muss, handeln wie ein Mann. *(Alles hatte sie ihren Ehemann tun lassen, bis zur Trennung)*

„Ich glaube, ich kann meinen inneren Bildern trauen", sagt sie zum Schluss.

Fallbeispiel V

Metaphern im Einzelgespräch (Begegnung im Altenheim)

Schon immer in unserer Tradition, wie auch in der Kultur anderer Länder, haben Geschichten, Märchen, Mythen, Sagen und Erzählungen die Menschen beeindruckt und ihre Phantasie beflügelt. Man kann, wie in Träumen, auf Reisen gehen oder, wie beim Lesen eines Buches, mitreisen in die Welt der anderen.

Am Beispiel Altenheim ist es mir besonders deutlich geworden, dass Menschen in ihrer eigenen Welt leben. Übrigens kennen wir das auch aus der Politik, Management, Bankwesen, oder in Organisationen, die scheinbar nur in ihrer eigenen Welt leben. (z. B. Vatikan, Bergsteiger, Forensik, Zirkus) In Altenheimen oder häuslichen Situationen habe ich etwas beobachtet, was Mut macht in der Fortbildung der Pflegenden, angewendet zu werden, die ich sehr bewundere und achte wegen ihrer außergewöhnlichen Energie mit der Situation immer wieder fertig zu werden. Das sind die heimlichen Volkshelden aus meiner Sicht; sie sind resiliente Menschen. Leider reicht oft die Kraft zum Durchhalten nicht für ein Berufsleben. Nach 6 – 7 Jahren geben diese Helfer auf, um nicht in den Burn Out zu gelangen. *(Zeitnot, Personalmangel, Überstunden, schlechte Bezahlung, wenig Urlaub und emotionaler Zehnkampf, oft ohne Pausen.)*

Zur Sache:
In Heimen finden sich Menschen mit zeitgleich vorhandenen multimorbiden Zuständen wieder, die in einer multikomplexen Lebenssituation ausharren müssen. So sind Diabetes, Demenz, Seh- und Hörschwäche, Schwindel, Infektionen, Rheuma, Arthrose, Gedächtniseintrübung, Angstzuständen, seelische Verarmung und Einsamkeit gleichzeitig zu finden. Es ist nicht selten, wenn 4 – 5 verschiedene Psychopharmaka verabreicht werden, nicht die gleichzeitige Einnahme von Schmerzmitteln oder Antibiotika zu vergessen. Dass sie, ohne Einverständnis durch gesetzliche Vertreter systematisch durchgeimpft werden, versteht sich von selbst. Die Absprache in Bezug auf eine Willenserklärung unterbleibt einfach. Jedenfalls hat man in früherer Zeit, wo es noch Sterbebetten zu Hause gegeben hat, einen solchen Menschen nicht über die Vielzahl von Krankheitsbefunden definiert, sondern ihn einfach als alt bezeichnet. So leben die Menschen also zurückgezogen in ihrer, meist vergangenen, Welt. Manche sind sogar zufrieden!

Als ich einmal, anlässlich eines Gesundheitstages, als Gast am Bett sitze, noch so recht ohne Kontakt, versuche ich mich auf das zeitweise auftretende Summen der alten Dame einzulassen und summe mit ihr. Nach einer Weile bewegt sie ihre Hand in meine Richtung, die ich zaghaft ergreife. Es scheint einen Rhythmus zu geben in der Bewegung ihrer Finger. Ihre Gesichtsphysiognomie ändert sich, wirkt entspannt. Ich frage nach ihrem schönsten Erlebnis aus ihrem Leben. Sie flüstert etwas von Tänzerin und Orchester, was sie früher einmal geliebt hat. Wir finden gemeinsam die Melodie von Carmen, einer Komposition von Jemandem, der nie selbst in Spanien gelebt hat. Ein Lächeln huscht über ihre Gesichtszüge. Als ich ihr vorschlage die Melodie und ihre Gefühle in einer wertvollen Truhe aufzubewahren und die Truhe sorgfältig zu schließen, flackern ihre Augenlider, ihre Gesichtszüge glätten sich und ein paar Tränen rollen die Wangen herunter. Als ich die Tränen abtupfe, flüstert sie, indem sie meine Hand drückt: „Kommen sie bitte wieder."

Etwas blieb offensichtlich durch Phantasie und Imagination der Musik lebendig.

Ein älterer Mann, halbseitig gelähmt, sitzt Monat für Monat stumm am Fenster ohne jede Regung, isst normal, nimmt aber an keinem der Angebote aus dem gut geführten Hause teil. Ich darf ihn besuchen, weil die Töchter darum gebeten haben. Ich weis aus der Tätigkeit als Clowndoktor, wie Humor bei den Kindern mit schwersten Erkrankungen oft ein gelöstes Lachen hervorrufen kann. Der Mann erscheint mir wie jemand, der früher einmal vital und kräftig gelebt haben muss, vielleicht sogar in einer Führungsrolle. „Was würden sie am liebsten erinnern, wenn sie, so wie jetzt, still aus dem Fenster schauen", frage ich, frage mehrfach. „Bachus", ist seine einsilbige Antwort. Ich habe Glück, seine Töchter haben mich gewarnt, dass er nicht sprechen würde. Ich warte ziemlich lange, bevor er sagt: „Mein Pferd, brauner Wallach, Hannoveraner."

Sein Atem geht deutlich schneller und der Kopf ist nun erhoben. Wir kommen schrittweise in ein Gespräch über das Glück mit dem vierbeinigen Freund, den er jahrelang geritten hat. Er war ein guter Reiter, der die Natur geliebt hat, wenn er durch die Wiesen und Felder geritten ist. Ich versuche eine Imagination, ob er bildhaft, von erhobener Situation aus, sich beim Reiten beobachten kann, ganz ohne Ballast und ohne Gepäck. Vielleicht durch die Wiesen..... Er wirkt jetzt sehr lebendig und spricht traurig von dem Verlust des Tieres, den er nicht verwunden hat. Der Geruch von frischem Gras ist ihm im Moment in Erinnerung und der Harzgeruch frisch gefällter Kiefern und Tannen. Er schmunzelt in sich hinein. Aus einer Tasche soll ich ein Foto, mit ihm als Reiter, hervorkramen. Lächelnd stellt er es, mit seinem noch beweglichen Arm, ans Fenster.
Sein innerliches Bild wird konkret und seine positiven Fähigkeiten werden ihm wieder bewusst, wenn auch nur zeitweise.

Methodisch ist wichtig ist, dass unser Gehirn nicht unterscheiden kann, ob Situationen real, oder nur visualisiert sind. - Gefühle kennen keine Demenz.

In der Vielfalt unserer Gesellschaft bedarf es einer gründlichen Vorbereitung, um mit Gesprächen erfolgreich zu sein. Vor allem deshalb, weil die Berater innerhalb der Organisationen nicht immer frei in Ihrer Handlung sind. Es macht Sinn sich selbst beraten zu lassen.

Wo immer es auf Kommunikation und positive Ressourcen ankommt

Gesprächstypen	Formen von Beratung	Organisationen
Belangloses Gespräch	Rechtsberatung	Pro Familia
Unterhaltung	Steuerberatung	Lebenshilfe
Das Informationsgespräch	Ausreiseberatung	Caritas
Das Beratungsgespräch	Schuldner- Insolvenzberatung	Rotes Kreuz
Das Verkaufsgespräch	Finanz- und Kreditberatung	Bethesda
Reklamationsgespräch	Bauberatung	Arbeiterwohlfahrt
Das Beichtgespräch	Erziehungsberatung	Diakonie
Das Karrieregespräch	Familienberatung	Malteser
Das Kritikgespräch	Suchtberatung	)ffentliche Verwaltungen
Das Streitgespräch	Ehe- und Partnerschaftsberatung	ıutsche Krebsgesellschaft
Das Taufgespräch	Sexualberatung	Kirchengemeinde
Das Teamgespräch	Schulberatung	TÜV
Das Paargespräch	Gesundheitsberatung	Ärzte
Das Prüfungsgespräch	Laufbahnberatung	Schiedsstellen
Das Bewerbungsgespräch	Kreditberatung	Kirchengemeinde
Das Reklamationsgespräch	Bürgerberatung	Bahnhofsmission
Konfrontationsgespräch	Rentenberatung	ADAC - AVD
Das Mitarbeitergespräch	Narkoseberatung	Reiseberatung
Das Beurteilungsgespräch	Berufsberatung	Schlichtungsstellen
Das Therapiegespräch	Gesundheitsberatung	Selbsthilfegruppen
Das Gehaltsgespräch	Energieberatung	Berufsverbände
Das Kollegengespräch	Flugberatung	Telefonseelsorge
Das Elterngespräch	Verbraucherberatung	Innungen
Das Schülergespräch	Verkaufsberatung	IHK und KWK
Das Therapiegespräch	Politikberatung	Apotheken
Das Coachinggespräch	Seniorenberatung	Notariate
Das Mediationsgespräch	Schwangerschaftsberatung	Kanzleien
Rollenklärungsgespräch	Jugendberatung	Akademien
Kollegiales Fördergespräch	Verkehrsberatung	Krankenkassen
	Konfliktberatung	Altenheime

Behörden

Polizei - Jugendamt - Sozialamt - Grundbuchamt - Ordnungsamt - Finanzamt
Ausländeramt - Stadt und Gemeindeverwaltung - Bürgerbüro - Gewerbeamt
Bezirksregierung - Gesundheitsamt - Genehmigungsbehörde - Arbeitsagentur – u. v. a.
Private Institutionen – Internetportale - Ausbildungsstätten

Alle Strukturen, die bereitstehen nutzen wenig, weil Menschen individuell handeln und unvorhersehbar empfinden. Aus Expertenmund hört man deshalb die These, dass nicht die Methode ausschlaggebend ist für Gesprächserfolge, sondern die Qualität der Beziehung der Gesprächspartner.

Gespräche brauchen Unterschiedlichkeiten, besonders in unserem Gesundheitswesen

Fakten aus dem Deutschen Institut für Pflegeforschung
Seit 1995 sind 48 000 Stellen abgebaut worden. Dafür wurde eine Million mehr an Patienten behandelt.
Zeitstress, Kostendruck und Personalmangel lassen Hoffnungen auf ein Minimum schwinden. Wie sollen da Gespräch sinnvoll geführt werden?

Wiener Sprachforscher
Sie haben erforscht, dass Patienten beim Arzt eine andere Ausdrucksweise benutzen als im Alltag. Sie beschreiben Situationen. Florian Menz, Projektleiter der Studie, fordert mehr Zeit für Patientengespräche, weil sonst relevante Informationen verborgen bleiben. Vorgegebene ärztliche Gesprächsstrukturen verhindern, dass die Patienten sich individuell ausdrücken können. Sie bleiben in ihren Ausführungen subjektiv und schildern eher den Umgang mit ihren Problemen.

Hinweise aus Dänemark
Bucka Lassen, ein bekannter Arzt aus Dänemark, spricht von schwierigen Gesprächen bei der Vermittlung einschneidender Diagnosen. Die Angst des Patienten steckt an, beschreibt er weiter. Er spricht von einer Studie, in der festgestellt werden konnte, dass zwei Drittel aller Ärzte nach 15 Sekunden den Patienten im Gespräch bereits unterbrechen.

Schon in 1847
heißt es in der American Medical Association Gründungszeitschrift, dass ein Arzt nicht nur durch Handeln ein Leben verkürzen kann, sondern auch durch Worte!

Ehrliche Gespräche
Informationen in Arztpraxen und anderen an Beratung intensiven Berufsfeldern sind oft vielfältig aber nicht verständlich für den Patienten oder Klienten. Die Deutsche Krebsgesellschaft stellte 2002 fest, dass viele Patienten nicht lange genug nachfragen, um richtig zu verstehen. Welche Informationen sollen also Ärzte und Apotheker dem Patienten geben, dem chronisch Kranken, dem alten Patienten, dem Neurotischen, dem Ängstlichen, dem Traurigen, dem Erschöpften, dem Einsamen?

Wahrheit
Viele Patienten fragen nach der konkreten Wirkung eines Medikamentes nach.
Andere erklären stattdessen, es ginge ihnen schlecht. Wieder andere hört man vielleicht sagen: „Ich weiß nicht mehr weiter." Auf der reinen Sachebene, dem Austausch von Informationen, scheint es noch einfach, aber wenn es um existenzielle Dingen, wie z.B. Lebensangst, Todes- und Zukunftsangst geht, wird eine völlig andere Ebene der Begegnung berührt. Da bekommt das genaue Zuhören, oder besser gesagt „HINHÖREN" eine besondere Bedeutung.

Bedürfnisse
Die Wahrheit in kleinen Portionen verdauungsgerecht zu servieren, ist etwas anders als zu lügen, oder wie ich es schon gehört habe: „In drei Jahren sitzen Sie im Rollstuhl". Da fällt mir ein Ereignis ein:
Ein Querschnittsgelähmter stand nach einer Hypnose auf, danach meinte die Stationsschwester, die ihn anschließend betreuen sollte, unwirsch und laut: „Wer hat ihnen erlaubt aufzustehen?" (aus „Angst haben darf man, fürchten muss man sich nicht". Wolf

Riedel) Es kommt naturgemäß auch häufig vor, dass mit der Fülle des medizinischen Wissens der Patient hoffnungslos überfordert ist mit der Menge der Informationen.

Gefühle

Der Patient hat ein gutes Gespür dafür, dass er selbst Experte seiner Gesundheit ist. Er wählt oft deshalb den Behandelnden, den er schon länger kennt Was Patienten auf keinen Fall mögen, ist das oft angebotene „WIR“ im Gespräch. Es könnte die bestehende Abhängigkeit und die Machtverhältnisse zwischen Arzt, Pfleger und Berater kaschieren. Der Patient ist feinfühlig und versteht genau, dass die Aussage: „Ich kann ihnen noch nichts Endgültiges sagen“, kein Fachkommentar ist, sondern den Zustand des Wissens verdeutlicht. Empathie, wertfreie Akzeptanz und Nicht – Direktivität sind die wichtigsten Grundsätze im Kontakt. Es ist nachgewiesen, dass man bei ärztlichen Kunstfehlern den Patienten, mit denen man das Gespräch vermieden sowie die Operationsbefunde verweigert und einen Kontakt zu dem behandelnden Arzt vermieden hat, zu 90% eine Klage anstreben. Diejenigen aber, bei denen der Arzt den Gang nach Kanossa ertragen hat und zugeben konnte, dass er als Mensch / Fachmann geirrt hat, unterlassen diesen Klageweg.

Sozialdienste

Sie verdienen unseren Respekt. Egal ob Caritas, Pro Familia, ehrenamtliche Aidsbetreuung oder Märchenvorleser im Altenheim oder in der Behindertenwerkstatt, im ambulanten Pflegedienst oder bei der Telefonseelsorge. Diese Menschen federn das ab, was im Alltag aus Zeitnot, fehlenden Honoraren oder Desinteresse nicht geleistet werden kann. Ob bis abends spät oder am frühen Morgen sie nehmen sich zeit, lernen Gesprächstechniken oft in ihrer Freizeit und stehen mit persönlichem Engagement hinter ihrer Aufgabe. Leider sind diese Personen für Burn Out anfällig, weil sie sich nicht selbst genügend schützen und abgrenzen können. Der klinische Sozialdienst hatte in einer Umfrage bestätigt bekommen, dass 98% der Befragten den Sozialen Dienst für wichtig erachten und 93% der Ärzte, nach der Bedeutung des sozialen Dienstes befragt bestätigten dies. 53% der Beragten wünschten sich mehr Informationen über die Tätigkeitsfelder des sozialen Dienstes. Wie es scheint sind die Arbeitszeiten, die morgens früh beginnen und spät am Abend enden den meisten Menschen überhaupt nicht bekannt. (Universitätsklinikum Münster)

Erschrocken fällt mir ein, dass der neue Trend in Japan zum Pflegeroboter auf dem Weg nach Europa ist. Er soll Märchen vorlesen und dem Patienten zuhören können. Gut für die Kostenkontrollierer, weil es keine Nebenkosten wie Urlaubstage und Krankheitstage geben wird. Entsetzlich für die Menschlichkeit, die das Leben lebenswert macht. Die Vielzahl der Beschwerden und Krankheiten aufzuzählen, würde den Rahmen dieses Buches sprengen. Allerdings muss es Gelegenheit geben über mögliche Interventionen zu berichten. Wie immer gibt auch hier die unterschiedlichsten Vorgehensweisen, je nach Veranlagung des Beraters und Befinden und jeweiligem Zustand des Klienten oder Patienten.

Interventionen als positive Konfrontation

- **Thematisieren**
- **Konfrontieren**
- **Ignorieren**
- **Bagatellisieren**
- **Tolerieren**

- **Paradox intervenieren**
- **Moderieren**
- **Mitspielen**
- **Dulden**
- **Zukunft visualisieren**
- **Tonskulptur fertigen**
- **Paradox handeln**
- **Erinnerungen abrufen, an denen der Patient noch im Besitz aller seiner Kompetenzen war**

Je nach Situation sind unterschiedliche Interventionen angemessen.

Ein im Sinne der Naturheilkunde vor gebildeter Patient verträgt andere Interventionen, als jemand dem Behandlungsverfahren unbekannt oder neu sind. Außerdem muss gewürdigt werden, wie es um das Vertrauensverhältnis zwischen den Partnern steht. Krankheitsbilder selbst bestimmen auch mitunter die Vorgehensweise. Aus gesprächstechnischer Hinsicht gibt es folgende Hinweise.

Nehmen wir einen Diabetiker, der schmerzlich und verzweifelt darunter leidet, dass seit zwei Jahren sein offnes Bein nicht zuheilen will. Da hilft es nicht, Hoffnung zu machen oder zu scherzen. Eine klare auf Mitverantwortung zielende Konfrontation in Sachen Ernährung und Hygiene scheint hier angebracht. Auch eine Hinzuziehung der Pflegeperson, die die Verbände wechselt, macht Sinn.

Aber, ob der Patient seinen Zustand noch mit Optimismus angehen kann, hängt davon ab, ob er seine unbewussten Energien mobilisieren kann, besonders, wenn medikamentös bereits alles getan wurde.

Ein depressiver Patient mit anstehender Dialyse, der Angst vor seiner Vergiftung hat und die Panik, keine neue Niere transplantiert zu bekommen, wird auf bloße Argumente, dass es schon werden wird, und das er eben Geduld und Hoffnung braucht, keine innere Ruhe und Gelassenheit finden.

Sein Optimismus erstickt in den Grübel- und Panikattacken, die ihn wiederholt quälen. Es wirkt genau so, als würde man einem Lehrer versprechen, dass seine Hauptschulklasse im kommenden Monat still und leise sein würde. Der eigentliche Hintergrund im Gespräch könnte die lauernde Todesangst sein.

Zum Beispiel Ernährung. Adipositas bei Jugendlichen steigt in den letzten Jahren ständig. Essgewohnheiten verändern Empfingen sehr stark mangelnde emotionale Versorgung weicht einer veränderten Ernährungsgewohnheit. Man isst mehr als, als man zum sich Nähren brauchen kann. Aus großem Übergewicht resultierende Bewegungsunfähigkeit fördert eine Isolation und latentem Rückzug von sozialen Kontakten. Gerade die aber, in gestörter Form, haben zu dem Essverhalten geführt, um Spannungen abzubauen in Bezug auf Abhängigkeit und Autonomie oder die Pendelbewegung zwischen Nähe und Distanz auszugleichen. Logische Argumente sind hier fehl am Platze.

Besonders eine vorsichtige Fragetechnik mit viel Zeit zur Antwort und deren Umdeutung, sind hier angesagt. Toleranz und Duldung sind zu Beginn die wichtigen Elemente.

Bagatellisieren oder Konfrontieren sind oft gefühlsmäßig spontan wünschenswert, stören aber die vorsichtige Annäherung des Patienten an seine eigene neue Selbstsicherheit und einen neuen Selbstwert. Dies braucht eine langfristige neue Bindung zu einer verbildlichen Person.
Noch heftiger können Reaktionen und Verhaltensmuster bei Anorexie vorkommen. Während es für Betroffene um Macht und Selbstkontrolle geht, scheint es dem Außenstehenden völlig absurd, sich so zu verhalten und sein Leben zu gefährden, durch einfache Verweigerung der Nahrungsaufnahme. Eine tiefenpsychologische Ursache, wahrscheinlich mit dem Ziel sich zu opfern und Macht auszuüben innerhalb des Familiensystems, erlaubt keine logischen Argumente durch den Gesprächspartner. Andererseits ist es schwierig das „Ding" überhaupt zu benennen, weil die Betroffene, (meist Frauen) sich der Logik von vornherein widersetzen. Bei gutem Vertrauensverhältnis und Kenntnis der Person kann eine humorvolle paradoxe Intervention hilfreich sein. Lesen Sie dazu noch mal die arabische Intervention. (Siehe Gesprächstypen nach Virginia Satir)

Bei Bulimie geht es um ähnlich harte Bandagen. Die meist junge Person lebt im „Drei K System". Küche - Kühlschrank - Klo. Die Fressattacke wird gefolgt von einem bewusst herbeigeführten Erbrechen. Dadurch soll die Unfähigkeit bestehende Identifikations- und Beziehungsabhängigkeiten zu lösen, zeitlich kontrolliert erlebbar werden. Oft besteht eine fehlende Identifikation mit den Geschlechterrollen der Eltern. Eigentlich kann sich das Krankheitsbild geben, bei chronischem Verlauf führt es zu Persönlichkeitsveränderungen. Systematisches medizinisch begleitetes Verhaltenstraining kann unter enger Begleitung Stück für Stück ein neues Ernährungsmuster etablieren.

Diese Beispiele sollen zeigen, dass man auf der oberflächlich, sichtbaren Verhaltensebene mit logischen Argumenten nicht zu recht kommen kann. Vielmehr sind es die Glaubenssätze, die ein solches Verhalten heimlich bestimmen. Tiefe nicht reflektierte Überzeugungen bestimmen die Handlungen. Einander widersprechende gleichzeitig vorhandene Vorteile oder Ziele, die nicht erreichbar scheinen, lassen eine Passivität entstehen, die eine positive Bewältigung der Alltagssituation verhindern.

Stellen sie sich vor, sie würden einem Rheumapatienten mit chronischen Schmerzen dazu raten, sich täglich in bestimmter Art (z. B. Stretching, Yoga,) zu bewegen. Er wird es beim Verspüren seiner Schmerzen nicht konsequent durchführen, obwohl er aus logischen Gesichtspunkten ihrer Argumentation durchaus folgen kann. Ich verweise hier noch mal auf die dargestellten Anregungen zu einem anderen, zukunftsgerichteten Fragen.
Durch die offenen Fragen und die Anregungen des Unbewussten wird eine neue Zieldefinition nachvollziehbar und durch die physiognomisch, beobachtbaren Regungen wird durch den aufmerksamen Beobachter die Treffsicherheit der Fragestellungen visuell deutlich. Es mach Sinn den Betroffenen ihre eigenen Schritte visualisieren und aufschreiben zu lassen. Manchmal kann auch durch Nutzung anderer Methoden, wie Tonerde, Tanz, Gesang oder Gedicht, ja sogar durch Traumanalyse eine Neuentscheidung hervorgerufen werden.

Ich möchte Mut machen.

Der Gesprächspartner hat genau soviel Humor, wie sie selbst.
Eine Geschichte mit dem Stotterer fällt mir ein. Anlässlich eines Familientreffens war ich eingeladen. Im Laufe des Abend wurde es locker und mir viel ein wirklich guter Witz ein, der mit einem Stotterer zu tun hatte. Ich kann recht gut Geschichten glaubhaft erzählen und wusste nicht, dass jemand in der Runde stotterte. Erst als bei der Stelle zum Lachen niemand eine Regung zeigte, außer demjenigen, eben der Stotterer selbst, der herzhaft lachte, ging mir ein Licht auf. Der Betroffene selbst hatte seit Jahren nicht mehr spontan in seiner Familie gelacht, weil es keine Gelegenheit gab. Jeder Satz wurde für ihn zu Ende erzählt und alles vermieden, was auf seinen „Defekt“ hindeuten könnte. Alle hatten in guter Absicht die falsche Art dem Betroffenen das Sprechen zu ersparen.

Die Betroffenen sind für ihre eigenen Dramen offener, als Außenstehende mit ihren Vermutungen denken; sie vertragen die Wahrheit. Übrigens, diese Beispiele sind im übertragenen Sinne in allen anderen Bereichen der Gesprächsführung in Familie, Sport, Bewerbung, Verkauf, Beratung, Führung, Therapie, Coaching oder Supervision anwendbar. Ein kluger Mann hat es einmal treffend formuliert:

Nicht die Wahrheit schmerzt uns,
die können wir vertragen,
aber nicht den Verlust unserer Illusion.

Der Kontakt im Gespräch – der Schlüssel zum Erfolg

Rapport
Kommunikation und Verstehen sind also die elementaren Bedingungen zum Rapport mit dem Gegenüber, auch in jedem normalen Gespräch. Besonders, wenn Krankheiten, Unfälle, Verhaltensänderung, Schicksal, Krise, Scheidung, Arbeitslosigkeit zum Thema werden, zeigen sich die Störungen, die nicht offen zu Tage treten, aber doch unbewusst das Verhalten und die Einsicht bestimmen. Profis in der Kommunikationsforschung sprechen von den Möglichkeiten des Rapports, eben jener Form des qualifizierten Kontaktes, der zu einer professionellen Beratung dazugehört.
Diesen Kontakt kann man herstellen, indem man folgende Elemente nutzt:

- **Augenkontakt**
- **Gleiche Bewegungen**
- **Gleicher Atemrhythmus**
- **Gleiche Sitzhaltung**
- **Gleiche Sprachmuster**
- **Gleiche Stimmlage**
- **Identifikation mit weltanschaulichen Wertevorstellungen**

Dabei geht es nicht darum, Beobachtungen nachzumachen. Erkennbar wird dies, wenn man sich nach einiger Zeit erst in der gleichen Art hinsetzt wie der Besucher, etwa indem man die Beine genauso über einander legt, wie der Partner.
Vier-Ohren-Modell (Sender und Empfänger)

Nachdem Friedemann Schulz von Thun mit seinem „Vier-Ohren-Modell" aufgezeigt hat, dass jede Nachricht immer vier Seiten hat, können wir heute auch die körperlichen und sinnorientierten Aspekte mit einbeziehen. Doch bleibt interessant, die vier Inhalte einer Nachricht bewusst zu beachten:
Sache, Appell, Beziehung, Offenbarung

Beispiel beim Arztbesuch
:

- **Was ist das Rote in der Spritze? Sachinhalt > Neugier auf das Medikament**
- **Tu mir nicht weh! Appell > Habe Angst**
- **Ich spritze langsam. Beziehung > Ich pass' auf Sie auf.**
- **Sie sind ein guter Arzt. Offenbarung > Ich vertraue Ihnen.**

Grundregeln der Kommunikation

Auch die Grundlagen von Paul Watzlawick, dem Kommunikationsforscher aus Österreich, sind im Gesprächskontakt mit Chef - Mitarbeiter- Patienten- und Klientenkontakt stets zu berücksichtigen:

- Man kann nicht, nicht kommunizieren (So tun, als ob jemand da wichtig wäre)
- Es ist das wahr, was B hört, nicht was A sagt (Jeder hat seine eigene Wahrnehmung)
- Eine Kommunikation ist abhängig von Inhalt und Beziehung (Beziehung bestimmt die Qualität)
- Eine Kommunikation wird vom Status der Partner bestimmt (Hierarchien sind nicht auflösbar)

Wohlgeformte Zielsetzungen im Gespräch
Die Hauptsache in Gesprächen mit therapeutischen Zielen ist der Nutzen für alle Beteiligten.
Ein wohlgeformtes Ziel einer verbindlichen Vereinbarung muss deshalb folgende Attribute beinhalten:

- **Es muss für mich und den anderen bedeutsam sein**
- **Es muss konkret, präzise und verhaltensbezogen sein**
- **Es muss positiv formuliert und kontrollierbar sein**
- **Es muss für mich und den anderen realistisch und erreichbar sein**
- **Die Maßnahmen müssen zukunftsorientiert sein**
- **Es muss an der Lösung, nicht am Problem orientiert sein.**

NLP - Zustände (NLP = Neurolinguistisches Programmieren)
Der Zusammenhang zwischen Sprache und neurologischem System wird bei unseren Zuständen erkennbar, die wir im Alltag unbewusst zur Verfügung haben.
Sie werden wie folgt benannt:

- **Ziel–Zustand** > Das, was ich möchte
- **Problem–Zustand** > Stress und Sorgen
- **Trenn–Zustand** > Lösung von Abhängigkeiten und/ oder Problemsituationen
- **Trance–Zustand** > Lockerheit ohne Zweifel, Harmonie, Freiheit ohne Lasten
- **Stuck–Zustand** > Verzweiflung, Depression u. ä.
- **Exzellenz–Zustand** > Besonderes Wohlbefinden mit Glückszuständen

- Der Patient kommt in aller Regel im **Problemzustand** zum Gespräch (Schmerz, Depression, Infektion o. ä.). Wie kriegen wir ihn da heraus, ohne symbiotisch mitzuleiden?

- Vom Eishockey oder Hallenhandball kennen wir den **Trennzustand,** aber auch wenn wir mal eine Pause brauchen und den Kaffee bereiten, um Anstrengungen zu unterbrechen.
- Den **Zielzustand** erkennen wir spontan an dem Lächeln, das über unser Gesicht huscht, wenn man sich das angestrebte Ziel vorstellt. (Reise, Geschenk, Diplom, Schmerzfreiheit o. ä.)
- Der **Stuckzustand** ist etwa mit Sackgasse, Depression, Ratlosigkeit, Black Box zu übersetzen.
- Der **Exzellenzzustand** ist wünschenswert, anzustreben und bei Krisen zu nutzen.

Dort finden wir erlebte Erinnerungen mit gespeicherten Ressourcen, die u. a. Kompetenzen und Selbstsicherheit beinhalten. Diese kann man in die Krisensituationen hinüberleiten. Wenn zum Beispiel eine junge Lehrerin einerseits sehr kompetent und selbstsicher mit ihrem Schulleiter und den Kollegen kommunizieren kann und andererseits mit ihrer Mutter nicht, zeigt sich, dass sie ohne Hilfe ihre Fähigkeiten gegenüber der Mutter nicht selbst aktivieren kann.

Wenn es gelingt, den *Ziel-* **und** *Exzellenzzustand* **zu erreichen oder in Krisen den** *Trennzustand* **zu aktivieren, kann eine wesentliche Bewusstseinsveränderung durch Perspektivwechsel geschehen. Der** *Problemzustand* **tritt dann mehr und mehr in den Hintergrund und der Stuckzustand wird vermieden.**

Formen von Trancen sind dabei nützlich, weil sie sich verstandesorientierten Vorurteilen entziehen, z. B. durch Entspannung, Musik, Yoga, Malerei, Skulptur, Träume, Wandern, Tanzen, Meditation, Singen etc.

TZI

Die Themenzentrierte Interaktion (Ruth Cohn) hinterlässt uns im pädagogischen wie therapeutischen Sinne wichtige Regeln für das Zusammenleben:

- **Ich übernehme Verantwortung für das, was ich tue und für das, was ich nicht tue.** *(z. B. Abnehmen)*
- **Störungen haben Vorrang.**
- **Man spricht im „Ich", nicht im „Man" oder „Wir".**
- **Man muss nicht alles sagen, aber was man sagt, muss echt sein.**
- **Persönliche Erfahrungen können nicht verallgemeinert werden.**
- **Ich achte auf die Signale meines Körpers.**

Gestalt

Eine von Fritz Perls entwickelte geniale Möglichkeit, dem Patienten / Partner / Mitarbeiter die Wahrnehmung seiner eigenen Bedürfnisse in Achtsamkeit und Bewusstheit zu ermöglichen. Integration und Wachstum der Persönlichkeit sind die unmittelbaren Folgen.

- Hier und Jetzt
- Identifikation
- Vordergrund und Hintergrund
- Das Ganze ist mehr als die einzelnen T

Projektion
(gebe anderen die Schuld)
Reflexion
(überprüfe mich selbst)
Retroflexion
(Ich strafe mich, statt andere)
Introjektion
(Ich übernehme, was nicht zu mir gehört)

- Heißer Stuhl
- Konfluenz und Isolation
- Bewusstheit
- Wahrnehmung
- Perspektivenwechsel

Dies sind wohl die wichtigsten Elemente seiner Arbeit, soweit ein solch komplexes Gebiet überhaupt in so knapper Form dargestellt werden kann. Sie geben elementare Hinweise auf die Dynamik der Erkrankung, neben der rein medizinischen Anschauung. Ein anwendbares Beispiel ist die Nutzung verschiedener Stühle. Es zeigt sich in Arzt-, Heilpraktiker- und Therapiepraxen, dass Patienten oder Klienten immer auf dem gleichen Platz sitzen. Er liegt auch freiwillig - wie in Trance - schnell auf der Liege, um sich Blut abnehmen zu lassen.

Beispiel für Identifikation und Veränderung des Blickwinkels:
Nehmen Sie verschiedene Stühle, auf die sich der Partner setzen kann und Sie bekommen sofort eine andere Physiognomie zu sehen. Der Vorteil ist, dass der Partner selbst seine inneren Bedürfnisse kennen lernt, ohne dass Sie auf ihn einreden, weil Sie glauben, ihn noch besser überzeugen zu müssen.

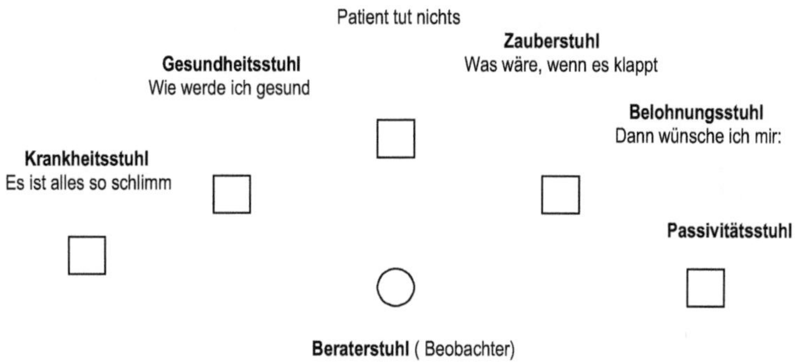

Es gibt natürlich auch andere Möglichkeiten. Schreiben Sie die Begriffe auf Kärtchen, die Sie, ohne darüber zu sprechen unbemerkt, unter die bereitstehenden Stühle kleben. Beobachten sie dann wie der Partner / Kollege / Mitarbeiter / Patient sich auf den verschiedenen Stühlen verhält.

Hypnotherapie

Milton Erickson, der geniale Hypnotherapeut, hat uns fundamentale Erkenntnisse zur Wirksamkeit von hypnotischer Begleitung eines Patienten überlassen. Alles und Jedes ist Trance und geht vorüber. Ich behandle den Patienten, nicht seine Depression, so der Originalton von Erickson. Das Vertrauen in die Unterstützung unserer unbewussten Helfer ist wohl einzigartig bei dieser Methode, ein Muss in jedem professionellen Gespräch mit Ratsuchenden, deren eigene Kraft zum Gelingen beitragen soll.

Die drei Hauptaspekte:
Kontrolle der Symptome
Auslösen unbewusster Suchprozesse in Trance
Lernen und Üben neuer Verhaltensweisen

Die alte Form der Suggestion ist einer neuen Sichtweise gewichen. Diese neue Sichtweise geht davon aus, dass es darum geht, eine Transformation zu einer naturalistischen Veränderung zu erreichen.

Das Ziel ist eine kreative Angleichung an äußere, realistische Welten zur Erreichung eines inneren Friedens und einer positiven, ressourcenorientierten Lebensbewältigung.

Farben, Klänge, Bilder, Visionen, Imaginationen, Zeitregression, Meditation, Trance, Phantasiereisen sind Möglichkeiten, die einbezogen werden. Teilamnesie, Entdecken der prägenden Situation, Veränderung von Glaubenssätzen und Überzeugungen, angeleitete vertiefte Trance, Einbeziehung lebensnaher Phänomene, Verlagerung der Empfindung auf einen anderen Sinneskanal sind Beispiele für Interventionen hypnotischer Art.
(Beispiel: Patient malt den Schmerz, statt ihn zu fühlen und der Schmerz wird zum Lernimpuls)

Zur Effektivität und Effizienz im Setting von Hypnose

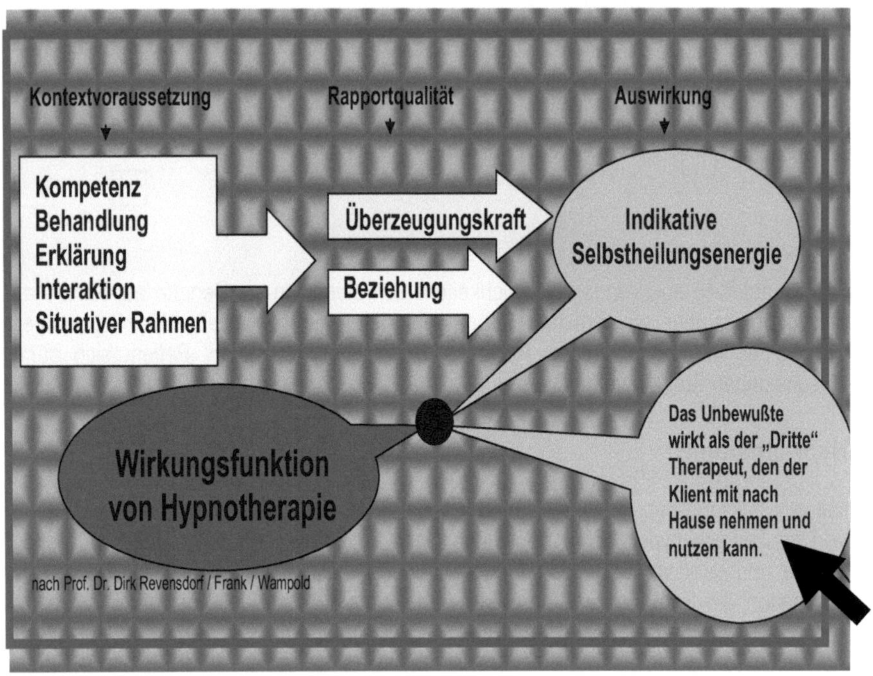

Voraussetzung dafür sind Beziehungsqualität und Überzeugungskraft zur Anregung der indikativen Selbstheilungsenergie. Schlafstörungen, Angst, Nikotinabusus, Schmerzen, Migräne, Stress, Lernprobleme, Unruhezustände, Bulimie, Übergewicht, erhöhter Blutdruck sind einige Beispiele nachgewiesener Studien des Einsatzgebietes von Hypnose.

Der Gesprächskontakt erleichtert die Methodenwahl im Hinblick auf mögliche Interventionen, um den Aspekt der lebensbiographischen Bedeutung für den Patienten zur Wirkung zu bringen. Die zu findenden Lernreize werden zum Wegweiser einer Konfliktlösung.

Kluge Gedanken zum Eigentlichen.

Einfach mal einige Minuten die eine oder andere Metapher wirken lassen. Mit ein wenig Geduld gelingt es, den Unterschied zwischen Verstand und Geist wahrzunehmen. Dabei lassen sie bitte ihre Gefühle außer Acht. Stattdessen erspüren sie aufmerksam und achtsam ihre inneren Empfindungen, genau die Funktion in uns, die neben fühlen, denken und wahrnehmen, als eine authentische Intuition Erkenntnis ermöglicht. In diesem Fall, dass der Geist in uns die vom Verstand argumentierten, logischen Elemente eben nicht als stimmig, aufrichtig, hilfreich oder gar echt empfindet.

- **Man kann nicht zwei Melonen in einer Hand tragen.**
- **Ein Kamel geht langsam, aber dafür Tag und Nacht.**
- **Geduld bringt Rosen, Ungeduld bringt Neurosen.**
- **Wenn ich täte, was ich spräche, stürbe ich als Heiliger.**
- **Jeder ist klug, der eine vorher, der andere nachher.**
- **Auch wenn die Brücke bricht, bestehen Ufer weiter.**
- **Armut macht Menschen, Reichtum macht Monster.**
- **Diamanten und Menschen lernt man erst kennen,
wenn man sie aus der Fassung bringt.**
- **Lügen sind wie Schneebälle, je länger man sie rollt, je größer werden sie.**
- **Der Unterschied zwischen der Mafia und der Regierung ist, dass die Mafia organisiert ist.**
- **Eine Erkältung dauern ohne Medikamente zwei Wochen und ohne 14 Tage.**

Dieses Vorgehen ist sprichwörtlich geeignet, die Spreu vom Weizen zu trennen, eben das Wirkliche zu erkennen, zu achten und zu würdigen.

Systeme von Verständigung, Verstehen und Gesprächen

„Ich hatte solch ein gutes Gespräch mit dem Patienten, aber er ist nicht wiedergekommen“, höre ich eine Kollegin im Bus zur Nachbarin sagen. Ja, die Gespräche und was es damit auf sich hat. Morgens vor sieben Uhr hatte ich meinem Elfjährigen bereits sechsmal deutlich erklärt, dass er aufstehen solle, damit er die Schule nicht versäume. Noch immer liegt er mit dem Handy im Bett.
Auf dem Bahnstein, etwas in Eile, hätte ich gern die Durchsage des Bahnhofsprechers verstanden, doch die Nebengeräusche waren zu laut. Im Flugzeug dann die in ca. 30 Meter Entfernung gestikulierende Stewardess, die mit Schnüren und gelbem Material offensichtlich die Schwimmweste erklärt.
Nachmittags beim Hausarzt höre ich dessen Aufforderung: „Dann wollen wir uns mal ausziehen“, noch während er auf den PC – Monitor schaut und ich darüber nachdenke, ob er sich denn auch ausziehen wird, indem ich meine Kleidung zu öffnen beginne.
Abends zu Hause nehme ich dann ein Fachbuch über Kommunikation zur Hand und lese neugierig:
Das Verstehen im Gespräch ist ein unfreiwilliger, psycho - sozialer Eingriff in ein hormonelles, immunologisches, sich selbstständig veränderndes, autonomes und multikomplexes System.
Bis ich das verstehe, vergeht einige Zeit. Aber es scheint zu stimmen. Beim letzten Kompliment, das wirklich ernst gemeint war, gelang es mir nicht, mein Erröten zu verhindern. Anlässlich eines Telefonanrufes las ich auf dem Display den Namen eines unangenehmen Anrufers und bekam schlagartig Herzklopfen. Das ist wohl mit „ autonom, immunologisch, hormonell und multikomplex gemeint.

Von Glaserfeld erklärt es wissenschaftlich:
„Wenn ich behaupte, ich hätte verstanden, was jemand zu mir sagt, dann heißt das keineswegs, dass ich mir in meinem Kopf ein Begriffsnetz aufgebaut habe, das dem des Sprechers genau gleicht. Es bedeutet nichts anderes, als dass es mir gelungen ist, in der gegenwärtigen Situation (etwa im Patientengespräch) ein Begriffsnetz zu konstruieren, das mit meiner Auffassung von dem Gegenüber in ebendieser Situation vereinbar ist und nicht zu Schwierigkeiten führt.

z. B. Das Wort „Schmerz“ löst bei mir etwas anders aus als bei der Großmutter, die allein wegen ihrer Schmerzen die häufigsten Besuche und dadurch Zuwendung erfährt. Nach dieser Erkenntnis ist klar, dass Kommunikation der Schlüssel zu Anamnese, Diagnose und Therapie sein muss. Martin Buber hat das wohl gemeint, als er sagte: **„Alles wirkliche Leben ist Begegnung“.**

Die NLP - Autoren Bandler und Grinder haben herausgearbeitet, dass Menschen ihre sinnlich emotionalen Erfahrungen in dreierlei Weisen verarbeiten. Wichtig ist dies für das Verständnis, wenn es mal im Gespräch nicht klappt und der Patient seine unbewussten Anteile nicht wahrhaben will.

1.) Tilgung
Bezeichnet z.B. Folgendes: Wenn *jemand Flugangst hat, weiß er nicht warum. Der Schüler mit Schulangst weiß*

ebenso wenig, warum er sie hat. Die durch Aufmerksamkeit fokussierten Gegenstände einer Differenzierung von Relevantem und Irrelevantem bilden dann die Symptome, wenn das Relevante ausgelöscht wird.

2.) Generalisierung

Bedeutet, dass wir Erfahrungen verallgemeinern. *Wenn ich aufhöre mit dem Rauchen, werde ich dicker.* Dieser kollektive Glaubenssatz verhindert die Verantwortung zu einer angemessenen Ernährung.

3.) Verzerrung

Wir können Gegenstände, Vorstellungen und Fähigkeiten unabhängig von der Wirklichkeit erzeugen. Das dient der Abwehr der Überforderung durch Multikomplexität *(Kunst, Sport, Theater). Beispielhaft erwähne ich die Währung in Tulpenzwiebeln, Lara Croft als Kunstfigur, Roboter in der Altenpflege.*

Künstliche Nahrungsmittel wie Erdbeeren mit Fischgenen, die Allergien auslösen können, usw..

Außerdem ist unser **logisches Verhaltenssystem** für das Verständnis dessen, was zwischen Partnern abläuft, von Bedeutung für das jeweilige selbst konstruierte eigene System. (n. Robert Dilt `s)

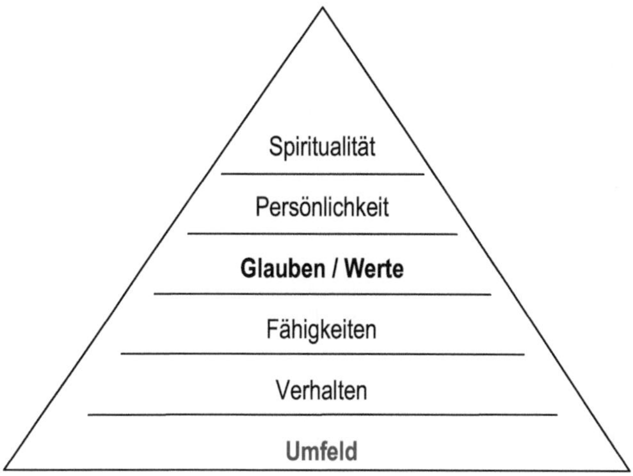

Innerhalb dieser Verhaltensebenen kann man systemisch zuordnen, was und wie gerade präsentiert wird. Die unterschiedlichen Herkunftsprägungen werden so besser verständlich und lassen eine gewisse Objektivität des beobachtenden Beraters möglich scheinen.

Interessant ist ein Beispiel, das die Zusammenhänge verdeutlichen kann. Wenn in einer Familie seit Generationen alle Lehrer geworden waren, Urgroßvater, Opa, Mutter und Sohn, so wird es diejenige Tochter, die ihre Persönlichkeit und ihre Fähigkeiten für ihr eigenes Leben entwickeln will, indem sie Architektin oder Nonne wird, besonders schwer haben ohne Vorwürfe, Mobbing oder gar Verleugnung ihren Weg unbeschwert zu gehen. So wird das Umfeld mit seiner Wirkung in individueller Wahrnehmung und dynamischen Energie deutlich.

Wenn solche Muster verändert werden sollen, geht das auf keinen Fall mit Argumentation. Der Verstand ermöglicht keine neue Interaktion. Dagegen hat sich die „Verstörung" als Mittel der Wahl gezeigt. Durch die Intervention des Hinterfragens im peripheren Raum wird dem System des Gegenübers eine innere eigene Betrachtung und der Vergleich neuer Möglichkeiten eröffnet. Das System wird irritiert und kann sich deshalb neu ordnen. Ein autonomer, stiller Prozess durch Selbstheilungsmuster.
Die Möglichkeiten der Interventionen durch den Behandelnden müssen natürlich je nach Situation verantwortlich ausgewählt werden.

- **Konfrontieren**
- **Ignorieren**
- **Tolerieren**
- **Paradoxes Intervenieren**
- **Mitspielen**
- **Thematisieren**

r. Erik Bern am Krankenbett einer schwer Erkrankten,
hrte übermüdet ein Selbstgespräch, indem er das auf dem
achttisch stehende Bild eines Segelbootes sah. Hoffte
nmal dort zu schwimmen, satt Nachtschicht zu machen.
r bemerkte die Gesichtszüge der Patientin, die sonst nicht
prechen konnte. Dabei erkannte er die Ich Zustände, die
eitdem jedermann zugänglich wurden.

Die „Erlaubnis" als Angebot zur Selbstreflexion für das Patientensystem hat sich besonders bewährt. Dazu sind einfache Interaktionsbeispiele mit den Ich - Zuständen des Verhaltensmodells aus der Transaktionsanalyse nach Eric Berne visualisierbar und besonders geeignet. - Die drei Ich - Zustände, die uns Menschen eigen sind, lassen sich vereinfacht wie folgt beschreiben:

Eltern - Ich
Normen, Werte, Lob und Tadel, Erziehung, Fürsorge, Strafe, Vorurteile, Wertung, Gebote, Verbote, etc.

Erwachsenen - Ich
Sachlichkeit, Objektivität, Neutralität, wertfreie Verarbeitung von Informationen, Analyse, Denken

Kind- Ich
Gefühle, Spontaneität, Neugier, Wissensdrang, Trotz, Trauer, Wut, Anpassung, Rebellion, Kreativität, Lust, Freude, Humor

Die Visualisierung der Abläufe zwischen Gesprächspartnern lässt sich am Beispiel „Erlaubnis“ deutlich machen. Die Pfeile zwischen den Personen zeigen den Verlauf der Kommunikation auf.

Aussagen ***Person A*** ***Person B***

Wie oft soll ich dir noch sagen, dass du zu dick bist

Du isst ja selber zu fett, guck dich doch an

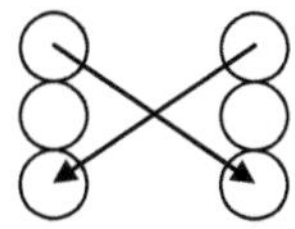

Eltern- Ich
(Abwertung)

Ich glaub, ich schaff das nicht

Ich verstehe deine Sorge, aber du hast alle Fähigkeiten, die du brauchst

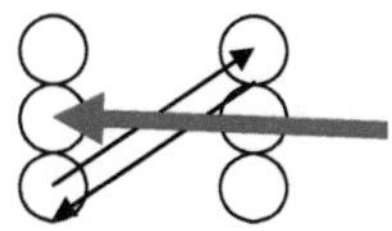

Eltern- Ich
(Trost)
Erw.- Ich
Kind- Ich
(Angst)

Heilpraktiker sind ja nicht wissenschaftlich

Ich würde da auch nicht hingehen

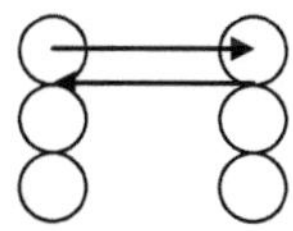

Eltern- Ich
(Tratsch)

Ich bin immer gern hier, weil du mich so gut verstehst

Ich finde dich auch ganz toll

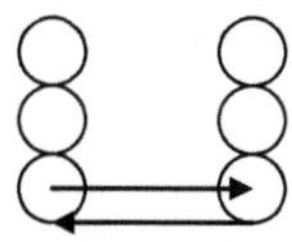

d- Ich
Gefühlswelt

An Gesichtsphysiognomie, Atmung, Körperhaltung, Gestik, Lächeln kann man die Akzeptanz ablesen und erhält den Indikator für die Wirksamkeit der Erlaubnis. (kommt nicht über verbale Äußerung.)

Auf der nächsten Seite lesen Sie bitte die „Verhaltenstypen in Gesprächen“. Sie machen deutlich, dass durch einfache verbale Kommunikation die festgelegten Konstrukte der Selbsteinschätzung nicht aufzulösen sind. Dazu brauchen wir das beschriebene systemische Verständnis. Der Betroffene braucht einerseits *Erlaubnis zur Veränderung,* andererseits die bereits multi - codierte Speicherung seiner Zellen, um Neuorientierung intrapersonell, erlebnisbewusst und evident zu ermöglichen.

<u>Wir sehen immer nur die Landkarte unserer konstruierten Vorstellung und nie die „wirkliche“ Landschaft.</u>

In diesem Zusammenhang wird verständlich, warum Hahnemann 200 Fragen hatte, C. G. Jung 160 Fragen nutzte, um mit Assoziationen Komplexe zu sehen und der Fragebogen von Bach auch 150 Fragen umfasst. Diese Menge von Informationen finden wir heute vergleichsweise nur auf Beipackzetteln, dort aber um vor Schäden zu warnen.

Professionelles Verhalten *(Kurzfassung)*

Was man in Beratung und Therapie macht

Ende der Beratung o. Therapie rechtzeitig anzeigen
Ständig visuell bilanzieren
Gefühle anerkennen und oder bestätigen
Eigene Gefühle rückmelden
Ev. Abbruchwunsch respektieren
Selbstkritische Reflexion
Angemessene Kontaktaufnahme
Unvereinbare Ziele konfrontieren
Ärger und Kritik offen und konstruktiv benennen
Werte und Abweichungen abwägen
Klare offene Blick- und Körperhaltung
Klartext sprechen und Bedenken benennen
Eigene und fremde Grenzen akzeptieren
Kollegen für Kontakte bereithalten
Wenn nötig ärztliche Diagnose einholen
In kleinen Schritten vorgehen
Anforderungen ggf. reduzieren
Eigene Gefühle beachten
Intellektualität tolerieren und oder konfrontieren
Auf Körperwahrnehmung achten
Sinnorientierung stets würdigen
Regeln verabreden und einhalten
Honorar klar vereinbaren
Beziehung klären
Feedbackregeln benennen
Verantwortung beim Gegenüber lassen
Professionelle Distanz
Frustrationstoleranz fördern
Probleme konkret benennen
Alternativen mit Begründung aufzeigen
Private Einladungen freundlich sachlich ablehnen
Negativen Gefühlen Raum geben
Eigene Grenzen erlauben
Raum für Kränkungen ermöglichen
Menschlich agieren
Schweigen ermöglichen
Genaue Beobachtungen und Wahrnehmungen
Ängste abklären Entspannung fördern
Konkrete Vereinbarung treffen
Im Notfall Notfallplan machen
Bisherige Erfolge würdigen
Methoden als Alternativen anerkennen
Schweigepflicht akzeptieren und würdigen
Kontakte mit Supervisionen
Einhalten von Settings und Regeln
Störung besprechen
Streit früh unterbrechen

*Was man in Beratung und Therapie **nicht** macht*

Abschied verzögern oder hinauszögern
Abwertungen wegen Abschluss nötigen
Privatbeziehung eingehen
Beleidigt oder gekränkt handeln
Sich Schuld- und Selbstvorwürfe machen
Klientenwunsch ignorieren
So tun als ob nichts wäre mit den Werteunterschieden
Wegschicken ohne Lösungsidee
Unterwürfige Entschuldigungen
Ablehnung wegen fehlendem Status (Money, etc.)
Aggressionen selbst heftig beantworten
Unsicher oder zweifelnd reagieren
Um den heißen Brei herumreden
Einschüchtern oder Bedrohen wegen Fehlverhalten
Sich unter Druck setzen lassen
Vorwürfe wegen langsamem Verlauf machen
Hilfreiche Aktivitäten aufgeben
Alles für den Ratsuchenden übernehmen
Machtkämpfe und Rechthaberei vermeiden
Innerliches Abschalten
Diskutieren über Honorar
Feilschen über Geld
Schuldgefühle zeigen
Verhalten negativ vorführen
Machtrolle ausnutzen
Selbstwert vom gegenüber abhängig machen
In Gefühlen mitschwingen
Beschwichtigungen anwenden
Verantwortung übernehmen
Gefühlsausbrüche anwenden
In Privatsphäre eindringen
Bei Übertragungen übertrieben agieren
Lügen wegen Scheu vor Wahrheiten
Wegen Peinlichkeit aggressiv handeln
Verschanzen hinter Berufsverband oder Institution
Überhastet reagieren
Ständiger Themenwechsel
Verschachtelte Sätze anwenden
Tabu - Themen vermeiden
Im Notfall naive Überzeugungen versuchen
Methoden vergleichen
Überlegenheiten beweisen wollen
Informationen und Diagnosen unkritisch übernehmen
Handlungen abseits der Therapie
Dramatisieren von Zuwendungsversuchen
Unkritisch Verantwortung übernehmen
Sich verbünden und verbrüdern

Beratung oder und Coaching

Oh, ja, wer kennt sie nicht, unsere Beratungskultur? Verkaufsberatung, Verbraucherberatung, Schuldnerberatung, medizinische Beratung, technische Beratung (Telefonhotline), Krebsberatung, Beratung beim Friseur, in Bekleidungsindustrie und Mode, bei der Elektroinstallation und dem Hauskauf, zur Persönlichkeitsentwicklung, Organisationsberatung, Karriereberatung, Schwangerschaftsberatung, Erziehungsberatung, Familienberatung, Eheberatung, Ernährungsberatung, Steuer- und Finanzberatung, die Reihe ließe sich endlos fortsetzen.

Was aber zeichnet Beratung aus? Wann ist sie gut, passend, wegweisend, neutral oder gar zutreffend?

Grundsätzlich unterscheiden sich wohl Beratungsaspekte durch die jeweils vorherrschenden entstehungsgeschichtlichen Entwicklungen. In der heutigen Zeit der multikomplexen Zusammenhänge und Vernetzungen ist es kaum mehr möglich, dass eine Person als Berater komplettes Wissen zur Verfügung stellen kann. Integrität und Aufrichtigkeit und die Bereitschaft, eigene Grenzen anzuerkennen, sind die Herausforderung sowie die Fähigkeit zu einer Hinzuziehung von Fachkollegen. Wer sollte z. B. mehr als 1100 Krankenkassen in ihren Leistungen unterscheiden können?

Beratungen könnten, wie folgt, unterschieden werden.

- Fachorientiert
- Persönlichkeitsorientiert
- Klientenorientiert
- Produktorientiert
- Systemisch
- Analytisch
- Akademisch
- Prozessorientiert

Bei Beratungen kommt es naturgemäß zu folgenden acht der häufigsten Fehler.

1. Man schaut mehr auf Probleme als auf Stärken
2. Die Beratung braucht nur lange genug zu dauern und schon schafft sie Probleme
3. Beratung kann normale Erfahrungen pathologisieren
4. Der Einzelne steht im Mittelpunkt, anstatt im Gemeinwesen.
5. Traurigkeit wird als endogene Depression definiert.
6. Beratung muss als Entschuldigung für Fehlverhalten herhalten.
7. Beratung wird als wichtiger definiert als das normale Leben.
8. Familie gilt als die Ursache aller Problemdefinitionen.

Anders beim Coaching, ursprünglich eine Methode, um Leistungssportler zu Höchstleistungen anzuspornen. Dies individuell und auf die Person in ihrem Umfeld

bezogen. An Fähigkeiten anstatt an Schwächen orientiert und an klaren Zielvereinbarungen zu erkennen. Coaching berücksichtigt Interventionsebenen und persönliche Hintergründe ebenso, wie Umfeldeinflüsse und die individuellen Möglichkeiten des zu Beratenden.
Es gibt keine Lobbyinteressen (etwa in der Pharmaindustrie bei der Medikamentierung) und keine anderen Abhängigkeiten. (etwa Krankenkassenmitgliedschaft)
Coaching geschieht auf gleicher Ebene, wobei die Abhängigkeit von Expertenwissen keinen Machtfaktor darstellt. Der Hauptunterschied zur Beratung besteht darin, dass Coaching ressourcenorientiert analysiert, plant, handelt, zeitlich definiert begleitet und kontrolliert. Abgesehen von notwenigen Maßnahmen, die in Form von Therapie, Medikation, physikalischer oder psychischer Anwendung notwendig sind.

Ebenen von Coaching

- **Identität**
- **Sinn**
- **Werte**
- **Kompetenzen**
- **Kultur**
- **Situatives Handeln**
- **Ziele und Verantwortung**
- **Motivation**
- **Kreativität**
- **Dürfen und Wollen**
- **Resilienzförderung**
- **Rahmenbedingungen**

Coaching fördert Verbindlichkeit, Vertrauen in eigene Fähigkeiten, ist unparteiisch und überprüft Fortschritte, verbessert Beziehungen und berücksichtigt Lerntypen, beinhaltet Konfrontation und fördert Neuentscheidungen und stützt Erlaubnisse zur Verhaltensänderung.

Ein Beispiel ganz aus der Nähe. Ein Patient hatte nach ausreichend langem und intensivem Gespräch seine eigene Anamnese verstanden, Labor- und Röntgenbefunde sowie wie EKG und Dunkelfeld, etc. miterlebt und es war deutlich, dass seine Ernährungsgewohnheiten mit gravierender Veränderung anstanden. (Metabolisches Syndrom: Bluthochruck, Übergewicht, Diabetes, Schlafstörung, Erschöpfung, Migräne) Die Beratung war kompetent und sorgfältig, mit guten Ratschlägen und Folgebesuch traditionell akzeptabel. Und wie sollte es auch anders sein, der Patient war danach mit seinem Befund mit sich allein. Ein nachträgliches Telefoncoaching ist nicht üblich.

- **In der Apotheke stand über der Tür folgendes Schild in großen Buchstaben.**
  Ein Medikament, das keine Nebenwirkungen hat, steht im Verdacht auch keine Hauptwirkung zu haben.

- **Außerdem hatte ihn seine Frau ja zur Heilpraktikerin geschickt** *(keine intrensische Motivation)*
- **Nun sollte er etwas natürlich Hergestelltes kaufen.**
- **Das leichte Schmunzeln im Gesicht des Apothekers entging dem Patienten nicht.**
- **Mutig bezahlte er die nicht kleine Summe, die von keiner Krankenkasse erstattet wird.**
- **Zu sechs verschiedenen Zeitpunkten über den Tag hinweg, sollte er die Dinge im Wechsel einnehmen.**
- **Anders kochen, morgens warm essen, drei bis vier Liter Wasser pro Tag, kein Fleisch, kein Eiweiß, kein weißes Mehl, kein Fett.**
- **Vermeidung von Alkohol**
- **Regelmäßige Bewegung**
- **Atemübungen und Meditation.**
- **Die Kinder frotzelten über Papas weiße Kügelchen und die komisch riechenden Tropfen.**
- **Kollegen spotteten und zeigten ihm ihre Betablocker, Asperin, Maaloxanpräparate und ähnliche.**

Das alles trug dazu bei, dass die Therapie nicht konsequent durchgeführt werden konnte. Mut, Selbstbewusstsein, Konsequenz und die Gewissheit, dass eigene Ressourcen einen Erfolg hätten, konnten vom Patienten nicht abgerufen werden, auch weil die Familie nicht vorbereitet werden konnte.

Der Mut hatte den Patienten verlassen, es gab Streit über Naturheilkunde und Medizin innerhalb der Familie. Ein deutlicher Hinweis, wie begleitendes Coaching im Vorfeld eine Therapie hätte begleiten müssen. Der Patient kam nicht zurück in die Praxis und wir hörten noch von drei anderen Kollegen, die mit ihren Therapievorschlägen unbewusst gescheitert waren.

Dann verlor sich für uns die Spur des Patienten.

Betriebliches Gesundheitsmanagement noch immer wie ein Tabu?

Mittelständische Unternehmen melden Nachholbedarf – bleiben gleichzeitig skeptisch!

Geld allein macht nicht glücklich - Gesunde Mitarbeiter zahlen sich aus - dem Fachkräftemangel vorbeugen - gesunde Mitarbeiter, gesundes Unternehmen - Ältere einbeziehen. Aussagen bleiben wirkungslose Argumentationen. Während große Konzerne genügend monetäre Mittel einsetzen, bleiben Mittelständler bei der Budgetierung vorsichtig, weil sich direkte Nachweise eines Gesundheitsmanagements nicht schnell nachweisen lassen. Andererseits sind nüchterne Fakten nur ein kurzfristiges Aufflackern unseres Kurzzeitgedächtnisses, kein Handlungsanreiz. Prüfen Sie sich.

- 130 Milliarden Euro Kosten für Erkrankungen, davon 1/3 wegen krankheitsbedingter Fehlzeiten
- Krankenkassen warnen zurzeit mit zweistellig steigenden Krankheitstagen wegen Angst- und Anpassungsstörungen, Depressionen sowie Burnout
- 54 000 000 Millionen Fehltage in Deutschland pro Jahr durch Krankheit
- Steuerbefreiung (500 Euro p. A.) für Gesundheitsförderung nach dem Einkommensteuergesetz

Arbeit fördert Lebenssinn, jedoch die Bedrohung derselben lässt die Mitarbeiter Rivalitätsverhalten bewirken, weil sie sich nicht mehr sicher fühlen. Neueste Forschungen zeigen, dass Mitarbeiter zunehmend als Unternehmer denken sollen, das Wertebilder verschwimmen, Isolation wegen mangelnder Beziehungsqualität um sich greift und Zugehörigkeits- und Gerechtigkeitsempfindungen deutlich zu wünschen übrig lassen. (Institut für Burnoutforschung Zürich) Menschen befinden sich häufig inmitten zweier Brötchenhälften, genau zwischen Familie, Erziehung, Beruf und eventuell der gleichzeitig anstehenden Betreuung eigener alter Eltern.

Erster Schritt einer Gruppe zur eigenen Gesundheitsförderung

Bilden Sie eine Gruppe, die mit einer geeigneten Meditation angeleitet wird ihre individuellen Stresserlebnisse zu formen, indem sie sich auf den Boden legen und gegenseitig die „Figur" anzeichnen und ausschneiden. Dabei wird nicht gesprochen. Danach beschreibt jeder jedes Blatt eines anderen Teilnehmers, bis er wieder vor seinem eigenen Blatt steht. Dann wird zunächst zu zweit über die Aufzeichnungen gesprochen. Beispiele: Du grübelst zuviel im Kopf...Mein Rücken ist krumm...Du verbiegst dich eigentlich...Du hast weiche Knie..Du bläst dich auf und handelst nicht.... Mein Herz ist entzwei....Du bist nicht allein damit...Bin selbst schuld....

Anschließend wird im Plenum diskutiert: (Was bedeuten diese Aussagen für mich, wie fühle ich mich? etc.)

Der Prozess eines sich wandelnden Verständnisses von Mitarbeiter- und Unternehmensbedürfnissen ist nur schleichend und leise wahrzunehmen. Natürlich gibt es offizielle Auszeichnungen von Unternehmen, etwa wie Great Place to Work bei „Tesa", beste Mitarbeiterführung der „Klinik Heiligenfeld" oder die Tätigkeit einer extra eingestellten Frau für Magic Moments bei „Pascoe", die sich ausschließlich um emotionale und zufriedenheitsorientierte Mitarbeiterbelange zu kümmern hat. Schon vor mehr als zehn Jahren hat die Deutsche Telekom AG in der Ausbildung für Front- und Backofficepersonal an Bildschirmen ein spezielles Augentraining zur Gesundheitsförderung einbezogen und Bayer Leverkusen bereits von einem halben Jahrhundert den eigenen Betriebskindergarten angedacht. All dies könnte mittelständige Unternehmen eher abschrecken. Denn, wie soll man das hinkriegen, wen fragen, woher fachliches Know How bekommen. Der Vortrag bei einer Krankenkasse reicht da nicht aus. Und Übrigens, selbst wenn man eine Maßnahme nach Mitarbeiterbefragung durchführen möchte, kommt sofort die kollektiv einsetzende Alibiwarnung wegen Datenschutz. Man stelle sich vor, Dutzende Krankenkassen, die in einem Unternehmen Mitarbeiter versichert haben, würden die Daten austauschen können. Welch ein Durcheinander würde entstehen oder wir hätten endlich belastbare Informationen. Das wäre Grundlage zur Evaluation im Kontext mit erreichbaren und vergleichbaren Ergebnissen, geht aber nicht ohne eine Vernetzung ernsthaft zu wollen.
Es muss also anders gehen. Ärger und Stress vermeiden, keine Mobbingattacken, dafür Motivation, Rücksichtnahme, Wertschätzung lauten die Begriffe, die zu geringer Unfallhäufigkeit führen. Der Chef zum Anfassen im Betrieb gehört dazu. Er muss greifbar im Gespräch für Beratung und Information erlebbar sein. Ein Leitbild muss im Alltag nachvollziehbar sein, sonst verpufft es und versandet.

Kooperationen zur Gesundheit in Führungsteams

5 bis 6 Wollknäule und zwei unterschiedlich große Bälle ermöglichen eine „schweigende" Arbeit. Auftrag: **Die Bälle sollen vom Netz getragen werden.**
Fragestellungen:*(ca. 12 Teilnehmer)*Wer lässt wen fallen?
Was tragen wir gemeinsam?
Wann hält unser Netz?
Wer fällt durch die Maschen?
Welchen Vorteil hatte diese Herangehensweise?
Wer blieb unbeteiligt?
Wer dominierte?
3 Beobachterrollen machen Sinn.
Skeptiker Begeisterter Sachkenner
Reflexion in Bezug auf den Alltag.

Arbeitsplatzsicherheit und Gefahren mindernde Möbel, sichere Werkbänke, Erste Hilfe Fachmann oder die ergonomische Gestaltung eines Bildschirmarbeitsplatzes sind nicht wirklich neu. Neu ist wohl ein Bewusstsein, dass Menschen länger arbeiten werden und für die eigene Gesundheit bereit sind sich zu engagieren. Betriebseigene KITAS oder

Betreuung älterer Familienmitglieder der Angestellten werden bei politisch fehlgeleiteter Kindertagesstättenplanung zukünftig zum Gesundheitsmanagement gehören müssen, wollen Unternehmen Fachkräfte in eigenen Reihen halten. Ein unschätzbares Argument gegen Abwerbung und Fluktuation. Führungskräfte werden geschult zur Erkennung von emotional, psychischer Belastung und dem Umgang damit. Das Bewusstsein, die Leistungskapazitäten nicht zu vernachlässigen durch zu viele Aktivitäten, muss neu geschärft werden. Das Gegenteil ist der Fall. Mitarbeiter sind belastbarer und erkennen rechtzeitig eigene Schwächen, die zuzugeben keinen Nachteil mit sich bringen darf. Das ist die Garantie und gibt die notwendige Sicherheit und Vertrauen. Die Bedürfnisse werden ernst genommen.

Visite beim *„passiven" Organismus*

Stellen Sie sich bitte vor, Sie machen eine Visite bei einem Patienten, der die Symptome zeigt, die Sie bei sich spüren. Eine Veränderung im Verhalten im sinne der eigenen Gesundheit steht an. Spätfolgen müssen verhindert werden!
Für diese kreativ, phänomenologische Diagnose klären Sie zunächst bitte die Rollen.
Wer ist Chefarzt, Oberarzt , behandelnder Arzt, Stationsschwester, Pfleger, Hospitant, Zivi, Direktor, Psychologin?
Visualisieren Sie den Patienten auf Papier in Körpergröße. Verfahren Sie bei der Diagnose wie in einem Schreibgespräch, also ohne verbale Äußerungen und tragen Ihre Diagnosen ein. Danach führen Sie eine Visite durch. (spielerisch)

Gehirnfunktionen ________________________

Sinnesorgane ________________________

Atmungsorgane ________________________

Herz / Kreislaufsystem ________________________

Verdauungsorgane ________________________

Entgiftung ________________________

Hormonregulierung ________________________

Skelettsystem ________________________

Bewegungsapparat ________________________

Psyche/ Emotionalität ________________________

Umfeld - Bedingungen ________________________

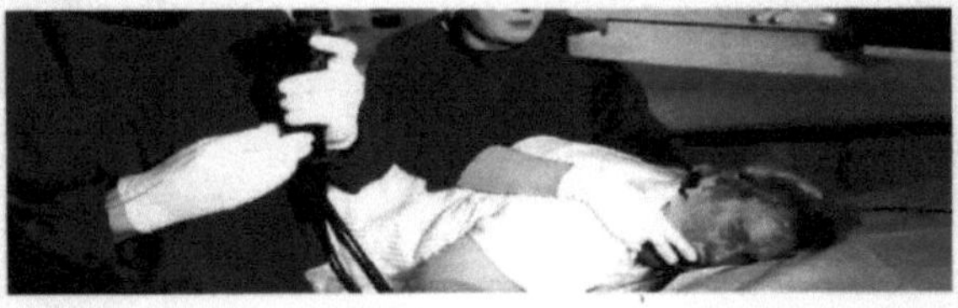

Wenn ich, oder einer von uns dieser Patient wäre !

Diskutieren Sie erst dann die folgenden Fragestellungen. ←
Was haben wir zu Beginn gemacht? Was hat die artfremde Herangehensweise in mir bewirkt?
Welche Zusammenhänge kann ich im „übertragenen" Sinne auf meine Situation erkennen?
Was ist eigentlich los? Wie genau halte ich den Status Quo mit dem Rauhen aufrecht?
Was ist das eigentliche Problem ? Welche neuen Ziele müßte ich realisieren?
Welcher Methoden könnte ich mich dabei bedienen? Welche Ressourcen ließ ich ungenutzt? Wie kontrolliere ich mich?

Gesundheitssituation von Teams und Gruppen in Organisationen - eine phänomenologische Diagnose

Eine Untersuchung von 800 Firmen hat ergeben, dass Gesundheitspotenziale nur zu 38% ausgeschöpft werden. (VDI Nachrichten 25 / 2012) Ein schlummernder, ungehobener Schatz für eine gesunde Führung.
Mitarbeiter zu gewinnen und zu halten funktioniert nicht mehr allein über Geld. Die Firmenphilosophie und das Engagement in Sachen Gesundheit werden Erfolge zukünftig mitbestimmen. Ein Element könnte eine firmenfinanzierte Hotline zur Beratung in allen Gesundheitsfragen für Mitarbeiter sein. Eine Einbeziehung von lokalen Anbietern von Gesundheitsleistungen, bevor eine Erkrankung den Arzt oder die Klinik erfordert. Flexibilisierung der Arbeitsplätze (Homeoffice) ist ein weiteres bereits bestehendes Arbeitgeberangebot. Kurse und Seminare sollten als obligatorisches Angebot bereitgestellt werden.
Die Salutogenese nach Anton Antonowski kann hier Gedankengrundlage sein, weil es um präventive Gedanken geht, die sich mit Gesundheit beschäftigen - nicht mit Erkrankung. Und schließlich macht eine Vernetzung von Unternehmen im Umkreis wirklich Sinn, damit Ressourcen gebündelt werden können. Gesundheit ist nicht, wie bisher, etwa nur die Abwesenheit von Krankheit, sondern ein Ort wo man liebt, spielt, lebt und arbeitet, so die WHO. **Übrigens, die Bundesregierung empfiehlt allen öffentlichen Institutionen ein Betriebliches Gesundheitsmanagements anzustreben.**
Resilienz *(Kraft & Energie)* **>** Orientierung **>** Sinn **>** Weisheit **=** Lebensqualität !
Überschriften mit elementaren und inspirierenden Inhalten, ohne den Anspruch auf endgültige Wahrheit.

Einer Definition von Resilienz sollte man sich vielleicht am besten über Fragen annähern. Ist vielleicht ein Gebäude aus der Antike resilient, weil es immer noch intakt ist? Ist es jemand, der mit 24 Operationen alle Erkrankungen überstanden hat? Ist ein Paar resilient, das 60 Jahre verheiratet ist? Ist es ein Konzern, der weltweit Jahrzehnte über Generationen hinweg erfolgreich bleibt? Sind die 85 Familien, die soviel Kapital besitzen wie 3,5 Milliarden Menschen auf der Welt, resilient? Oder ist Atommüll, über Hunderte von Jahren weiter strahlend, als resilient zu bezeichnen? Offensichtlich gehören Optimismus, Neuorientierung, Belastbarkeit, Langlebigkeit, Überlebenskraft, Ausdauer, Traditionsbewusstsein, Selbstbewusstsein und eine Portion „Steh auf Mentalität" zur Resilienz.

Orient: Aufgehende Sonne, der Punkt auf den man rechnen kann, wenn man sich verlaufen hat.

- **Wie orientiert sich der Mensch?**
- **Gibt es in unserem Gehirn einen Ort für Orientierung?**
- **Hatte E. Kant Recht, indem er von Orientierung im Denken sprach?**

Aktuell haben norwegische und amerikanische Forscher *(Moser & o Keefe)* Ortszellen und Gitterzellen gefunden, die Orientierung im Gehirn ermöglichen. Das allein freilich ist nicht

genügend. Stabile Beziehungen und Sinnorientierung bilden die biographische Grundlage einer Lebensorientierung, deren Fähigkeiten, Belastungen zu bewältigen, durch den Begriff Resilienz *(die biographisch erlernte psychisch, emotionale Widerstandkraft bei Krisen)* beschrieben wird.
Lernen, im Sinne von Verhalten ändern, statt nur Wissen zu sammeln, tun wir durch Sprache, Gesten, Kultur, Religion, Bewegung, Misserfolg, Musik, Märchen, Geschichten und Rituale, die wir imitieren, nachahmen und dann übernehmen. Daraus bilden sich gespeicherte und später abrufbare innere Bilder, die unser Verhalten prägen und an denen wir uns unbewusst orientieren.
Nicht zu vergessen die Grundanlage, die ein neun Monate alter Säugling bereits mitbringt. Er kann unterscheiden, ob ein Spielzeug lebendig oder künstlich ist. Wieso? Offenbar können wir Dinge, bevor wir sie erlernt haben oder präzise Beobachtungen vornehmen konnten. Dies schreibt man unserer Intuition, einer schnellen und autonom agierenden Fähigkeit zur Wahrnehmung zu. Jedenfalls kommt es nur zur Entwicklung von nötigem Vertrauen, wenn eine Sinnorientierung mit den Handlungen verknüpft ist. Wenn nicht, erlebt man die Orientierungslosigkeit großer Teile der aktuellen Jugend.
Wenn dann jemand ein großes Faktenwissen, Prozessbewusstsein, Werterealismus, Verständnis für Lebensspannen und Erkenntnismöglichkeit für Unsicherheit und den Umgang damit für sich im Leben erreicht hat, nennt man ihn weise. *(Baltes, Standinger, Weisheitsforscher)*
Also es geht darum durch Versuch und Irrtum und anschließender Besinnung, im Sinne einer nachträglichen Reflexion, mit Gelassenheit zu dieser Weisheit zu gelangen. Unser Hauptmechanismus dabei ist dabei, im Kontakt mit anderen, vorwiegend das verbale Mittel der Sprache. Andere Sinne bleiben allzu oft auf der Strecke, wie visuelle, kinästhetische, offaktorische, vestibuläre oder gustatorische Wahrnehmungen, die nicht bewusst und gezielt eingesetzt werden.
Gerade der visuelle Sinneskanal ermöglicht eine Fülle neuer Zugänge, besonders bei verschütteten Kompetenzen, die im Fundus der Resilienzbilder unbewusst schlummern. Es sind die Bilder, die uns bewegen. Durch Identifikation mit Vorbildern, Prägung in Elternhaus und Umgebung, wird erlebte Emotion ganzheitlich multi - codiert *(muskulär, vegetativ, visuell, hormonell, physiognomisch)* abgespeichert.
Deshalb ist unsere Orientierung zugleicht intuitiv, rational, analytisch, symbolisch, mythisch, phänomenologisch und ganzheitlich organisiert, wie in Träumen erlebbar. Sprache, für sich allein genommen, bleibt deshalb meist Stückwerk, wenn es um Nachhaltigkeit geht. Genau hier setzen Bildunterstütztes Coaching und die Interventionstechniken des Personal Coach MAC ® an.

Gemalte Lebenssituationen, Krisen, schwierige Ereignisse, oder Stressmomente beinhalten im Bild zeitgleich Hinweise auf Lösungen. Bilder ermöglichen die Nutzung von Spiegelneuronen, die schneller ein gegenseitiges Verständnis erleichtern und die nicht den Umweg über den Verstand wählen.

Wie man zur Belebung von Kräften und Energien (Resilienz) findet

Resilienz - Ein begleitender Prozess der Individualisierung.

Obwohl in frühen Lebensjahren entstanden, braucht Resilienz Zeit zum individuellen Wachstum. Immer und immer wieder in Prozessen und wechselnden Situationen des Lebens. Selbsterkenntnis, Selbstverantwortung, Reflexion und Lernbereitschaft, sowie Erwachsenwerden, gehören dazu. Lebenslanges Lernen bleibt mit Resilienz eng verbunden. Die nachfolgende Geschichte zeigt symbolisch, was damit gemeint ist.

Autobiografie in fünf Kapiteln

(Von Portia Nelson)

1.)
Ich gehe eine Strasse entlang
Da ist ein tiefes Loch im Gehsteig.
Ich falle hinein.
Ich bin verloren...Ich bin ohne Hoffnung.
Es ist nicht meine Schuld.
Es dauert endlos lange, wieder heraus zu kommen.

2.)
Ich gehe dieselbe Strasse entlang.
Da ist ein tiefes Loch im Gehsteig.
Ich tue so, als sähe ich es nicht.
Ich falle wieder hinein.
Ich kann nicht glauben, schon wieder am gleichen Ort zu sein.
ber ist nicht meine Schuld.
Immer noch dauert es sehr lange, herauszukommen.

3.)
Ich gehe dieselbe Strasse entlang.
Da ist ein tiefes Loch im Gehsteig.
Ich sehe es.
Ich falle immer noch hinein – aus Gewohnheit.
Meine Augen sind offen.
Ich weiß, wo ich bin.
Es ist meine eigene Schuld.
Ich komme sofort heraus.

4.)
Ich gehe dieselbe Strasse entlang.
Da ist ein tiefes Loch im Gehsteig.
Ich gehe darum herum.

5.)
Ich gehe eine andere Strasse.

Der schnelle Gedankenstopp – Die Resilienz der Sinne

Visuell – Kinästhetisch – Olfaktorisch – Gustatorisch – Auditiv, **so sind unsere Sinnesorgane ausgebildet und so präsentieren wir uns in unserer Umwelt. Wir konstruieren uns unsere Wahrnehmungen und zeigen uns dem Gegenüber in Kontakt und Begegnung. - Ein unbewusster Prozess. Dabei zeigt sich ein Vorkommen von Mischtypen; niemand reagiert nur visuell oder nur auditiv. Aber wenn wir sprechen und unsere Worte wählen wird deutlich, wie wir uns verständigen.**

- Ich kann mir das nicht vorstellen.
- Ich muss mir das erst mal ansehen.
- Ich blicke noch nicht durch. < Visuell
- Mir wird schwarz vor Augen.
- Ich sehe für mich keine Perspektive.
- Du hast ja auch einen ganz anderen Blickwinkel.

- Ich spüre das in den Knochen
- Mir wird heiß und kalt, wenn ich daran denke.
- Mir dreht sich dabei der Magen um. < Kinästhetisch
- Mir werden die Knie weich.
- Mir läuft es kalt den Rücken herunter.
- Mir fällt ein Stein vom Herzen

- Das klingt aber nicht gut. < Auditiv
- Ich muss mir das nicht länger anhören.
- Ich kann den Lärm nicht mehr hören.
- Im Konzert fühle ich mich am wohlsten.
- Mach doch endlich mal das Radio leiser.
- Du hörst ja auch das Gras wachsen.
- Ich kann das Rauschen im Telefonhörer nicht ertragen.

Sie können leicht erkennen, aus welchen Sinneskanälen diese alltäglichen Aussagen stammen. Es ist nicht schwer daraus abzuleiten, dass es im Gespräch gelingen muss, auf gleicher Wellenlänge mit dem Gesprächspartner zu sprechen.

Zu den beiden anderen Sinnenszuständen, wie **gustatorich und olfaktorisch,** reichen zwei kleine Aussagen, um die Zuordnung zu verstehen.

- Wir lassen uns unser Vorhaben bei einem „trockenen Italiener“ auf der Zunge zergehen.
- Wenn ich in ein bestimmtes Krankenzimmer eintrete, rieche ich sofort das Krankheitsbild.

Eine der besten Methoden, einen Menschen von unglücklichen und schädlichen Grübelgedanken abzubringen, ist die VAKOG Methode. Eine Ankerung mit zwei Fingern auf Punkten an der Hand, damit jederzeit später eine abgespeicherte Erinnerung ausgelöst werden kann.

Folgende Anregung zu einer spontanen Übung sollte im Gespräch möglich sein.
Stellen Sie sich genau die schlimme Situation vor, wie sie in Ihren Gedanken schon immer und immer wieder abgelaufen sind. Wiederholen Sie die Szenen nacheinander, damit Sie richtig in diesem Gedankenmuster drin sind.

Dann gehen Sie in die Natur. Betrachten zunächst eine Blume, einen Grashalm, eine Knospe, eine Blüte sehr genau. Nicht anderes sollte Ihre Aufmerksamkeit ablenken. Nach ca. fünf Minuten drücken Sie im vollen Bewusstsein der farbenfrohen Natur und der **visuellen** Eindrücke einen Punkt Ihrer Wahl an der Hand oder am Handgelenk, den Sie jederzeit danach wieder erreichen können.

Dann konzentrieren Sie sich auf die **auditiven** Erfahrungen, die Sie nun machen werden. Lauschen Sie ausschließlich auf Geräusche in Ihrer Umwelt. Vögel, Bienen, Käfer, Wind, Autos, Menschenstimmen, Fahrräder ... alles, was Sie zu hören bekommen. Auch hier drücken Sie nach fünf Minuten einen beliebigen gut erreichbaren Punkt - wie vorher - aber an einer anderen Stelle. Sie können auch im Bewusstsein der Wahrnehmung Daumen und Zeigefinger zusammenführen und halten, wie bei einem Klick.

Dann nehmen Sie einen **olfaktorischen** Geruch war (Zitrone, Lavendel, Parfum, Zimt, Rose, Minze, Tannenduft) etwas was Sie vorbereitet haben, nehmen Sie als Duft war. Prozedere mit Daumen und Zeigefinger wiederholt sich. Vielleicht kann jemand mit einem Sprühfläschchen helfen. Dann wieder den Druckpunkt machen.

Nun erzählen Sie wieder vom Problem und schildern noch einmal den „Stress“ möglichst genau, bis Sie wieder richtig im Negativgefühl sind (oder in Gedanken die Situation durchleben)

Dann drücken Sie auf Kommando beide Punkte und **spüren genau**, wie es jetzt ist.

- **Was geschieht?**
- **Was ist anders?**
- **Denken Sie immer noch so?**
- **Wie sprechen Sie jetzt darüber?**
- **Wie empfinden Sie nun Ihr „Problem“?**

Vergleichen Sie ihre Wahrnehmung von vorher und nachher sorgfältig.

Acht der häufigsten Aussagen sind hier stellvertretend wiedergegeben.

1. **Es ist nicht mehr so schlimm.**
2. **Irgendwie kann ich es nicht mehr genau erinnern.**
3. **Es ist mir jetzt auf eine bestimmte Art leichter.**
4. **Ich habe Abstand von dem Ereignis.**
5. **Ich muss jetzt darüber lachen.**
6. **Mein Stress war eigentlich nicht nötig.**
7. **Ich bin total erleichtert.**
8. **Ich hätte nie gedacht, dass das klappt.**

Lauf über schwebende Hölzer

Resilienzen von Vertrauen - Mut - Selbstsicherheit in der Teamentwicklung

In eine Gruppe (Team) können wirksame Übungen angeleitet werden. Besonders das Thema Selbstsicherheit und Vertrauen sind geeignet, gemeinsam erarbeitet zu werden. Dabei ist ein spielerischer Zugang besonders hilfreich. Natürlich freiwillig und für alle.

Etwa 80 cm lange Holzrollen werden von Teilnehmern in den Händen gehalten. Es entsteht eine Art Brücke. Alle (ein Teilnehmer der Gruppe) hat die Aufgabe über diese Hölzer zu laufen. Achtung: Wackelig und unsicher, Gleichgewicht, Mut, Zutrauen, Gemeinsamkeit und Verantwortung sind die angestrebten Erfahrungen der Übung.

Die Glücksdusche stärkt die Resilienz

Zuwendung und Feedback im Team. Eine Übung zu mehr Selbstvertrauen. Ein Teilnehmer sitzt im Innenkreis einer Gruppe und ist passiv. Nur Hören ist erlaubt. Alle anderen können alles Positive, Anerkennenswerte und Bemerkenswerte über die Person im Innenkreis sagen, ohne unterbrochen zu werden. Dabei sollen Nebensächlichkeiten wie „Deine Brille ist schön“, vermieden werden.

Erfahrungsgemäß ist es schwierig Lob anzunehmen.
Es macht Sinn den Feedbackempfänger danach zu einem stillen Spaziergang zu ermutigen

Angeleitete Phantasie zur Resilienz des Herzens

Aufwärmendes, störungsfreies Gespräch mit verbaler Anregung über mögliche Herzbewohner

Mein Kind nimmt einen gebührenden Platz ein.
Meine Mutter hat einen kleineren Raum, als ich dachte.
Mein Vater bewohnt eine Dachkammer.
Der Raum für meinen Mann ist zurzeit nur zum Teil bewohnt.

Teil I

Phantasiereise

Stell dir vor, du gehst in deinem Kopf umher.
Das ist deine Gedankenwelt, sieh dich um, verfolge einen Gedanken und lass ihn wieder los - atme ruhig und tief - betrachte deinen Hals von innen, achte besonders auf Durchlässigkeit - geh nun in deinem Brustkorb spazieren, achte darauf, dass du dich frei bewegen kannst und keine Enge erlebst. Wandere weiter in deinen Bauchraum, sieh deinen Organen bei der Arbeit zu Nun gelangst du in den Unterleib und zu den Genitalien, achte auch hier auf deine Bewegungsfreiheit - beweg dich nun durch deine Beine, Kniegelenke, Füße - fühlst du dich gut in den Beinen oder möchtest du lieber in einen anderen Körperteil zurück? Wo hast du dich am kürzesten aufgehalten?

Hand aufs Herz

Du bist jetzt in deinem Brustkorb Sieh dich um! Wie ist die Temperatur?
Ist es dunkel oder hell eng oder geräumig weit? Kannst du dein Herz schlagen hören, kannst du es sehen? Geh nur so nahe heran, dass du es gut betrachten kannst – seine Form seine Umgebung. Verschaffe dir ein Bild von deinem Herzen

Eventuell jetzt schon beenden bei (Schwächezustand)
oder weitere Vertiefung zu Teil II anregen (bei vitalem Zustand)

Tei II

Gehe nun in die Nähe des Herzens
Wenn du Barrieren überwinden musst, such einen Weg, das zu tun – nimm dein Herz mit allen Sinnen wahr – rieche es – berühre es – betrachte es – höre es schlagen – geh um das Herz herum – wie ist die Oberfläche? – sieh dir alles genau an – betrachte nun das Innere deines Herzens.
Wer hat Platz darin?
Gibt es jemanden, der sich eingeschlichen hat?
Gibt es jemanden, der dich überlistet hat?
Gibt es jemanden, den du schon lange für ausgezogen gehalten hast?
Gibt es jemanden, dem du schon lange gekündigt hast, der aber nicht auszieht?
Stelle dir vor, du bist ganz frei in deiner Entscheidung

Wem willst du heute vom Grunde deines Herzens wirklich einen Platz darin geben? Wie viel Platz, welchen schützenden Raum brauchst du für dich selbst?

Rückkehr in die reale Welt anregen / Stimmwechsel, Licht, Musik, etc. Danach Reflexionsgespräch

Methodische Anregungen

- **Herz malen lassen**
- **Herz in Ton modellieren**
- **Reflexion mit Suggestion in die Zukunft (Wie wird es morgen sein?)**
- **Träume aufschreiben**
- **Kassette besprechen und dem Klienten mitgeben**

Früherinnerungen kollegial aber systematisch erfragen

Wie man die eigene Resilienz aufspüren kann. *(Ein Beispiel aus der Gestalt).*
Nehmen Sie ein geeignet, großes Blatt (DIN A 3) zur Hand. Tragen zunächst ihr schlimmstes und ihr schönstes Erlebnis darauf ein. Dann schreiben sie links unter einander die Ziffern 1 bis 7. Daneben zwei Überschriften: Ereignis und Bedeutung.

Beispiel:
Ereignis: *Radtour mit Vater, der sich verfahren hatte.* – Ich wusste den Weg.
Bedeutung: ***Zeitgleich sind Endtäuschung und Stolz verkoppelt abgespeichert***

Sie benötigen **sieben** Früherinnerungen. Ein roter Faden wird sich ergeben. Bitte mit einer vertrauten Person gemeinsam vorgehen und darüber, ohne Bewertung und Ratschläge, sprechen.

Beispiel für mögliche Fragen, die keine Ja oder Nein Antwort zulassen sollen, mit dem Ziel: Aufhebung der Verquickung gegensätzlicher Erinnerung und die Neuentscheiddung im Erwachsenenalter.

- **Wie hast du das empfunden?**
- **Welche Bedeutung hat das heute noch?**
- **Was hast du damals gut gemacht?**
- **Wie hast du das so lange ausgehalten?**
- **Was war das Schwierigste dabei?**
- **Was hast du daraus gelernt?**
- **Wie wirst du dich belohnen für neue erfolgreiche Versuche?**
- **Welche Hilfe könntest Du dabei gebrauchen?**

Zuerst die Unterschiedsbildung aus der Erinnerung des Lebens

Schlimmstes Ereignis	**Schönstes Erlebnis**

	Alter	**Inhalt**	**Bedeutung**
Früherinnerung I			
Früherinnerung II			
Früherinnerung III			
Früherinnerung IV			

	Alter	**Bedeutung**
Früherinnerung V		
Früherinnerung VI		
Früherinnerung VII		
Andere Erinnerungen		

Sammeln Sie die positiven Erlebnisse. Suchen Sie dabei die Ähnlichkeiten. Benennen Sie eine aktuelle Krise, einen Konflikt oder einen Prozess, indem Sie stecken. Bringen Sie die positiven Haltungen in Bezug zu den zu lösenden Situationen. Entwickeln Sie dann eine Strategie wie Sie konkret damit umgehen wollen. Belohnen Sie sich für diese Aktivität, unabhängig vom Ergebnis.

Ausgewählte Situation:

Maßnahmen:

- Besonders geeignet:
- Weniger gut geeignet:
- Ungünstig:

Was genau werde ich tun?

___

Wie werde ich es kontrollieren?

___

Wie belohne ich mich dafür?

___

Von der Gesundheitsförderung zur Implementierung eines „Betrieblichen Gesundheitsmanagements" - Förderung von Kraft und Resilienz im Betrieb

Integratives Augenwalking © mit Konzentrationstraining, Muskellockerung, Entspannung, Sauerstoffversorgung, Übungen zur Verbesserung der Durchblutung, Steigerung der Belastbarkeit, Vorbeugung von Erschöpfung mit Visualisierung und Betreuungsmethoden zur Nachhaltigkeit. Vorbeugung von Stress und Burnout in drastisch ansteigender papierloser Verwaltung in Behörden und Unternehmen.

Faktenlage, Begründungen und Motivation zum Projekt

Arbeitnehmerschutz wird zurzeit großgeschrieben, aber eine Studie der Hochschule Coburg und der Personalberatung LAB & Company zeigt etwas anderes, so Prof. Eberhard Nöfer (Soziale Arbeit und Gesundheit – Befragung von 381 Managern / Quelle: dapd): 33 % der Chefs schicken erkrankte Mitarbeiter nicht nach Hause - 26 % versuchten, den Erkrankten Heimarbeit zu organisieren - 17 % würden sich von Dauerkranken trennen - 58 % der Manager kommen selbst krank zur Arbeit – 10 % der Manager sehen in Prämiensystemen Anreize, Krankentage zu verringern – 72 % geben die Verbesserung des Arbeitsklimas als erstrebenswert an – 81 % der Manager bevorzugen ein systematisches Gesundheitsmanagementsystem.

Prof. U. Herrmann erkannte bereits 2005 bei einer medizinischen Untersuchung an Schulen mit 5500 Lehrern

52 % mit psychischen Erkrankungen, 16 % mit Erschöpfungszuständen sowie 10 % mit Anpassungs- und Belastungsstörungen. (Quelle: SWR II Aula) Die Deutsche Gesellschaft für Arbeitsmedizin definiert im Rahmen des Betrieblichen Gesundheitsmanagements Prävention auch im Hinblick auf psychomentale Vorsorge, individuelle Risiken für Jugend und Alter sowie Vorsorgeuntersuchungen zur Vermeidung von Versicherungsfällen .In einer europäischen Studie haben 18,4 % der Männer und 21,6 % der Frauen, die älter als 45 Jahre sind, bereits Gesundheitsprobleme, die sich als Arbeitserschwernisse auswirken. (Studie Ilmarinen / Tempel)

Mehr als 50 % aller Arbeitsplätze in Deutschland haben zurzeit bereits Bildschirme - weiterhin boomartig entstandene und weiter entstehende Cal l- Center - papierlose Verwaltungs-, Behörden- und Büroorganisation mit elektronischer Postabwicklung - wachsendes Interesse an Eigenvorsorge des Einzelnen (bereit zur Eigenbeteiligung) - Krankenkassen melden zweistellig steigende Zahlen von Fehltagen bei Erschöpfungsdiagnosen, Anpassungsstörungen und Burnout,, zurzeit 59 000 000 p. A. - 38% Pensionierungen sind auch psychisch bedingt. (Quelle AOK) - 100 000 Fachkräfte fehlen zurzeit der Industrie und ca. 45 000 in Erziehung und Pflege.- Tendenz steigend!

Die Zahl der Neugierigen zum Thema Gesundheit bei einem großen Dienstleister in RLP (von 90 000 hatten sich 90 Adressaten zum Gesundheitsvortrag angemeldet = 0,1 %) zeigt die realistische Situation der zurzeit aktuell interessierten Teilnehmer. - Ein Mittelständler, 400 MA mit 15 % Krankenstand, erklärt wörtlich: „Das ist Sache der Krankenkassen." - Ein Unternehmen mit 700 Mitarbeitern an Bildschirmen schafft zurzeit den bestehenden Arbeitskreis für Gesundheit ab und definiert ein vorbeugendes Trainingsangebot als unnötig mit der Begründung, es würden jährliche Vorsorgeuntersuchungen durchgeführt. (10 %

Krankenstand lt. Mitarbeiteraussage) So werden Untersuchungen mit bestätigendem Befund offensichtlich mit aktiver Vorsorge verwechselt.
Aktuell fordern Bundes- und Landesregierungen alle öffentlichen Institutionen auf, ein Betriebliches Gesundheitsmanagement zu generieren. Das Institut für Arbeit & Soziales (Universitätsmedizin Mainz) erstellt zurzeit eine Internetbefragung zum BGM. Der dringende Bedarf an Fachkräften in Unternehmen und zugleich die Notwendigkeit, dass ältere Mitarbeiter zukünftig länger in Unternehmen tätig sein werden, beginnt sich als Erkenntnis durchzusetzen. Die Hans Böckler- und die Bertelsmannstiftung bestätigen in Modellprojekten die Notwendigkeit neuer Präventionsziele.
Führungsschwäche verursacht Absentismus. Gemäß Betriebsarzt Tscharnetzki, Unilever AG Deutschland, beliefen sich die Kosten auf ***7 Mill. Euro p. T. durch 21 Fehltage pro Mitarbeiter und Jahr.***

Es hilft, mit dem Frontalhirn bewusst Fragen zu stellen bei hohen Anforderungen und Stress: „Was ist jetzt wirklich wichtig?", berichtet Prof. H. P. Unger, Chefarzt (Quelle psy GA BKK Bundesverband, der jährlich ca. 40 Unternehmen auszeichnet, die Gesundheitsförderung vorbildlich betreiben). Partnerschaftliche Führung hält gesund und steigert die Rendite. (Bertelsmann AG) Auch der Fehlzeitenreport der AOK vom 23. August 2013 zeigt steigende Fehltage auch bei Suchterkrankungen. Ministerin von der Leyen plant ein Gesetz zum besseren Arbeitsschutz, auch um deutlicher vor psychischen Belastungen zu schützen. Derzeit kümmern sich nur 16 % der Betriebe mit weniger als zehn Mitarbeitern und 27 % der Betriebe mit bis zu 49 Mitarbeitern um das Thema Betriebliches Gesundheitsmanagement. (Quelle: FAZ Januar 2013).

Letzte Meldung: 8. Sept. 2014, NTV, RZ Koblenz. Deutschland macht Überstunden ohne Ende, unbezahlt natürlich. 47 Std. p. P. u. p. A. ca. 252 Millionen Std. p. A. Arbeitgeber sparen mehr als 2 Milliarden Lohnkosten *Im Deutschen Netzwerk Betriebliche Gesundheitsförderung schreibt Prof. Burisch als Experte für Burnout, dass die Führungskräfte mit höchsten Selbstanforderungen Dauerstress geradezu programmieren. Andere Unternehmen legen rutschfreien Teppich, platzieren Defibrillatoren und Desinfektionsbehälter, nutzen speziell gesundheitsförderndes Licht, stellen Behälter mit Frischwasser auf, errichten firmeneigene Fitnessstudios auf dem Betriebsgelände oder sorgen z. B. für Kindertagesstätten. Best - Practice - Auszeichnungen von Unternehmen machen Mut, etwa „Great Place to Work" bei Tesa, „Beste Mitarbeiterführung" der Klinik Heiligenfeld, „Gesunde Mitarbeiterführung" beim Krupp Medienverlag Mendig oder der engagierte Einsatz einer Angestellten, die ausschließlich für „Magic Moments" bei Pascoe in Giessen zuständig ist und die sich um emotionale und an Zufriedenheit orientierte Mitarbeiterbelange kümmert. Die Institution Arbeit und Leben erhält den Weiterbildungspreis des Landes Rheinland-Pfalz im Jahr 2012.*

Aktuelle Meldung 2020 AOK und Barmer berichten über 1/3 häufiger zunehmende Krankheitstage wegen psychischer Störungen und deutlich länger dauernder Krankentage.

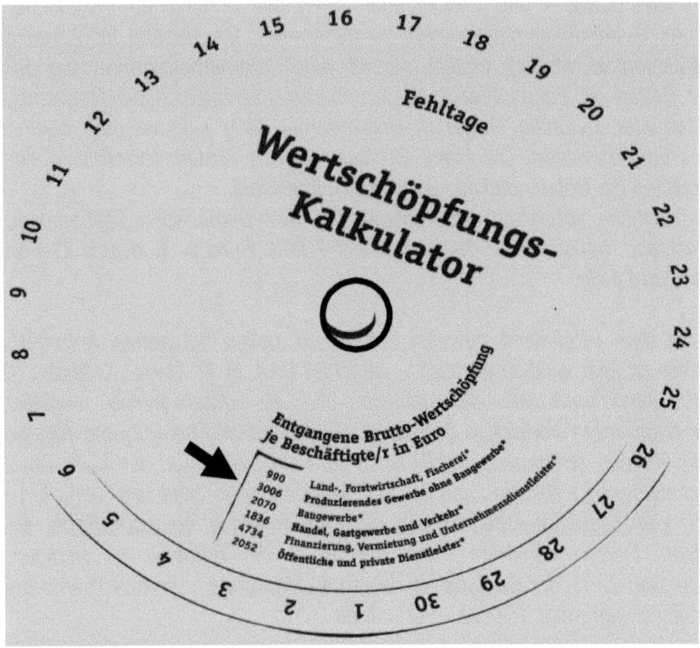

Ein schneller Überblick kann helfen die Bedeutung tatsächlicher Investitionen in BGM zu erkennen. Der Wertschöpfungskalkulator zeigt Kosten, die entstehen, wenn Fehltage ein Unternehmen schwächen.
(Beispiel bei 18 Fehltagen nur einer Person je nach Branche - *siehe Zusammenhang von Kreis und Pfeil)*
Quelle: Sicherheit und Gesundheit bei der Arbeit – Unfallverhütung Arbeit - Kompetenzzentrum Zukunftsfähige Arbeit Rheinland Pfalz. www.za-rlp.de

Wir wollen durch die Situationsanalyse und die guten Beispiele Mut machen zu beginnen, haben am 01. 11. 2012 in eigenen Büros mit dem BGM begonnen und setzen es in 2013 mit neuen Ideen fort. Die Beispiele sollen unser Anliegen zeigen, Bewusstsein in Unternehmen unterstützend aufzubauen, das darauf abzielt, durch Eigenverantwortung der Entstehung von Krankheit rechtzeitig und systematisch vorzubeugen. (Im Projekt wurden insgesamt 890 Fragebogen ausgewertet)
*Im Übrigen gilt als nachgewiesen, dass bereits **„ein" Euro** in Gesundheitsmanagement investiert für das Unternehmen ca. **„acht" Euro** Nutzen generiert. Letztlich bestätigt sich unser Ansatz durch die Absicht der Initiative Mittelrhein, Betriebliches Gesundheitsmanagement für die Betriebe in der Region nachhaltig zu etablieren. Dabei garantiert ein „Bildgestütztes Coaching"© die Wirksamkeit der Maßnahmen im Kontext*

angestrebter Nachhaltigkeit durch zeitgemäße Moderation, ohne die eine Organisationsentwicklung, (notwendig bei Implementierung einer interdisziplinären Vernetzung zum Wohle aller) nur unter erschwerten Bedingungen (Skepsis, Rigidität, mangelnde Rollenklärung, fehlende Leitungsakzeptanz, etc.) gelingen würde.

Vergleichbarkeit

Das Power - Napping (zwanzigminütiger Mittagsschlaf im Unternehmen), inzwischen in Indonesien, Japan, den USA (NASA), bei der Lufthansa, der Swiss Air, bei Google in der Schweiz (hier können Bedienstete zwischen Bett, Couch und Schaumstoffbällen in der Badewanne wählen) angewendet, kann im Vergleich mit der Nachhaltigkeit der Minutenkurzübungen des Integrativen Augenwalking© nicht mithalten. Sie sind leicht kontrollierbar und anwendbar, ohne den Arbeitsplatz zu verlassen. Der Einstieg in BGM mit dem Integrativen Augenwalking ist deshalb besonders wirkungsvoll, weil sich alle relevanten Mitarbeitergruppen sitzend vor dem Bildschirm repräsentativ wiederfinden (Übergewichtige, Raucher, Menschen mit HWS, Schulter–Arm-Syndrom, Diabetiker, Menschen mit Sehschwächen etc.). So lassen sich anschließende Lerngruppen für konzeptionelle Übungssequenzen innerhalb des BGM initiieren. Durch die „VAGOK“ *(visuelle, auditive, gustatorische, olfaktorische und kinästhetische Wahrnehmung),* die Einbeziehung aller Sinne, werden kurze Minutenübungen besonders lebendig erlebt. Normale Gesundheitstage mit Büchertisch, Vortrag, frischem Obst und Handzetteln sind im Kontext der Nachhaltigkeit keine Alternative zu einer Initialzündung durch das Integrative Augenwalking© mit den sich anschließenden Lerngruppen.

Analytische Bewertung

Dieses Integrative Augenwalking© mit Konzentrations-, Entspannungs- und Muskellockerungsübungen sowie Übungen zur Sauerstoffversorgung ist eine attraktive Schlüsselinitiative von Gesundheitsförderung hin zum Betrieblichen Gesundheitsmanagement und besonders wegen seiner Nachhaltigkeit geeignet. Die Verbesserung der Arbeitsbedingungen, der Mitarbeiterbeteiligung und Förderung persönlicher Kompetenzen sind zentrale Anliegen, die sich durch Nachhaltigkeit deutlich von Standardangeboten unterscheiden. Natürlich gehören dazu auch die vorherige Befragung, Analyse, Bedarfsermittlung, Dokumentation und Evaluation.

Eine Erhebung zur Ist-Analyse im nördlichen Rheinland-Pfalz mit 300 Unternehmen und öffentlichen Verwaltungen hat 212 Antwortbögen ergeben. In vier Vergleichsgruppen von 380 Arbeitsplätzen aus sechs deutschen Großstädten, weiteren zwei Vergleichsgruppen mit 167 Mitarbeitern aus 11 Trainingsgruppen wurden die Befragungs- und Übungsergebnisse dokumentiert. Ebenso eine Selbsteinschätzung von Mitarbeitern des Finanzministeriums Mainz, der Landesblindenschule, der Post AG, der Creditreform. Andere vorliegende Studien sind ebenfalls genannt. (Ergebnisse im Anhang) Die Fehlzeiten werden nachweislich reduziert, eigenverantwortliche Prävention wird erfolgreich konditioniert und das „Office-Eye-Syndrom“ (Augentrockenheit, Brennen, Rötung, Sandkorngefühl, Müdigkeit) wird wirksam verhindert oder abgeschwächt. Augenärztliche Unterstützung wird angeregt. (Lern- und Übungsblätter im Anhang)

Einbeziehung der Belegschaft

Alle Mitarbeiter in Front- und Back-Office und Büros an verschiedenen Standorten, werden an dem Projekt Integratives Augenwalking© beteiligt. Für Nachzügler, Urlauber, Erkrankte gibt es Nachholtermine. Führungskräfteinformation ist obligatorisch. Telefoncoaching fakultativ.

Unternehmensbereiche

Die verantwortlichen Geschäftsführer, Betriebsräte, Arbeitskreis Gesundheit, Sicherheitsbeauftragte und Arbeitsmediziner werden in Entscheidungen einbezogen und zu Belohnungsinitiativen angeregt.

Systematik der Programme und Maßnahmen

In jeweiligen Pilot- und Steuerungsgruppen und in Arbeitskreisen für Gesundheit werden nach ersten Gesundheitstagen die einzelnen Aspekte der Maßnahmen in Priorität, Planung und Ausführung sowie bei der Bewertung und Kontrolle auch einer Evaluation zugeführt (z. B. Mitarbeiterbefragung vor und nach den Maßnahmen, ggf. Dokumentation im Arbeitskreis Gesundheit, Rückkopplung mit Betriebsarzt und Führungskräften sowie Geschäftsleitung). Veröffentlichungen sind obligatorisch.

Verhaltensorientierung

Fachbezogener Theorieinput, Film- und Videoclips, Artikel, Übungsanleitungen, Trainingssequenzen, Probetage, Selbstreflexion, Partnerübungen mit Feedbacktreffen und Kontrollblättern gewährleisteten eine vorbestimmte Übungssequenz zum Kennenlernen und Anwenden der Übungen. Unter Anleitung werden Korrekturen vorgenommen bis zum Beherrschen der Trainingssequenzen. (Mindestens 6 Wochen 2 x p. W. – Selbstübungsphase und Reflexionstreffen) Übungsfolgen können anhand von Übungsplänen regelmäßig durchgeführt werden. Jeweils partnerschaftliche Übungen wurden paarweise einstudiert, damit ein lebendiger Erfahrungsbereich, Motivation und gegenseitiger Ansporn möglich werden.

Verhältnisorientierung

Systematisch wiederkehrende Plakatierung am Arbeitsplatz, direkt in den Büros, in der Kantine und am schwarzen Brett runden die Informationstechniken der Belegschaft ab. Auf Mousepads können Übungen wechselnd ergänzt werden. Die fortgebildeten „Visu - Moderatoren“ sind in der Lage, inhouse (externes Coaching) neue Übungen zu verteilen und anzuregen. Veröffentlichungen in Mitarbeiter- und Hauszeitungen, Fachartikeln und regionaler Presse sind obligatorisch. Besondere Nachhaltigkeit bietet neben den Moderatoren eine gesondert abgestellte Person, („PSRT - Person“ – Preventive – Symbolic – Rapport - Talk), die sich Mitarbeitern widmet, mit dem Ziel einer sinnorientierten Überwindung der polaren Gegensätze von monetärer Marktorientierung des Unternehmens und sozial-, beziehungsorientierter Unternehmensidentifikation der Belegschaft. Erst dann werden Motivation und Arbeitsplatzzufriedenheit stabil.

Gesundheitliche Risiken

Die Zielsetzung der Übungen gilt dem Bewusstsein der Einzelnen, erlernte Sequenzen selbständig durchzuführen sowie Muskelspannungen zu vermeiden, regelmäßige Kurzpausen einzuhalten, auf gesunde Ernährung und genügendes Trinken zu achten, ebenso die durchblutungs- und sauerstoffversorgungsfördernden Bewegungsübungen zu kennen und anzuwenden (Dynamisches Sitzen - Jacobsen – Feldenkrais - Atem- und Entspannungsübungen). Achtsamkeitstraining durch die rechtzeitige Wahrnehmung von Ermüdungsanzeichen, visuelle Pausen gestalten, Augenmuskelübungen integrieren wie z. B. Schwarz – weiß - Sehen, bildhaftes Erinnern, Sehschärfentraining, Focussieren, Nah – fern – Sehen, Blicksprünge und Leseerleichterung, Licht- und Farbbaden, Fusion,

Augenyoga, außerdem Fußpumpe, Dehnungsübungen, Konzentrationstraining, Akupressurpunkte anregen sind hier stellvertretend genannt. Die Übungen werden visualisiert, eingeübt, mehrfach systematisch wiederholt, kontrolliert und dokumentiert. *Natürlich können ernsthafte Erkrankungen des Sehapparates vorkommen. Dazu stehen ärztlich verordnete Laserbehandlung, Brillen, Kontaktlinsen oder operative Möglichkeiten zur Verfügung, die außerhalb von Präventionen liegen. Z. B. Hier ist die Augenakupunktur nach Prof. Dr. Boel aus Dänemark zu erwähnen. Weiterentwickelt in der heilpraktischen Methode einer Augen - Spezialpraxis nach Beate Rinderer in Wiesbaden mit Schwerpunkt Makula – Degenration, Weit – und Alterssichtigkeit, Augeninfarkt, Tumor, Glaukom u. a..*

Anmerkung:
Bei 167 Fragebogen von insgesamt 890 lag die Antwortdimension bei bis zu 85,7 % Teilnehmer mit Augenbeschwerden / Angaben, die sich auf die Wirkung der ersten Trainingseinheit bezogen: 76,9 % mit geringerer Erschöpfung nach dem Training / 46,1 % der Teilnehmer mit weniger Augenbeschwerden und bis zu 92 % mit Verbesserung der Konzentrationsfähigkeit, mehr als 70 % üben selbstständig. Muskelschmerzen sind ebenfalls zurückgegangen (siehe Befragung Creditreform). Die gegenseitigen Kurzübungen haben dazu beigetragen, dass die Mitarbeiter in neuer Kommunikation zusammengekommen sind und sich gegenseitig angespornt haben. Das Bewusstsein für die Gesundheitsvorsorge wurde ebenso gestärkt wie die Arbeitsplatzzufriedenheit. Die Arbeitsplätze mussten dazu nicht verlassen werden, Zeitverlust wurde vermieden Gesammelte Mitarbeiteraussagen finden sie im Anhang

Aktuelle Befragung bei der Arbeitsagentur 2014
Bejahung und teilweise Betroffenheit der Befragten bei:

Ermüdung der Augen	91,3 %
Lichtempfindlichkeit	69,5%
Augenbrennen	69,5%
Nachlassende Konzentrationsfähigkeit	82,6%
Sehunschärfe bei längerer Bildschirmarbeit	69,5%
Kopfschmerzen	56,5%
Schulter – und Nackenschmerzen	86,9%

Paradigma der Gesundheitsförderung

- Ottawa -Charta (WHO, 1986-2000): „Wie lässt sich Gesundheit herstellen?“
- Gesundheit als Prozess in Lebenszusammenhängen
- Abbau gesundheitlicher Ungleichheit (Geschlechter/ Bevölkerungsgruppen)
- Verknüpfung zum Umweltbereich
- Nationale Aktionspläne zur Gesundheitsförderung
  (Nation, Distrikt, Region, Kommune / Stadt, Organisation)

Was krank macht in unserer Arbeitswelt und Verantwortliche fordert

Auch wenn die Bundesanstalt für Arbeitsmedizin nachweist, dass 43% der 18 000 befragten Berufstätigen über wachsenden Stress klagen, und 52 % unter Termin- Leistungsdruck stehen,
60% fühlen sich belastet durch gleichzeitiges Erledigen verschiedener Aufgaben und 64 % auch am Samstag arbeiten, bedeutet das längst nicht, das sich etwas ändert. 41% werden in Altersrente verabschiedet wegen psychischer Erkrankungen, weil bereits eine Steigerung der Krankheitsfälle von 80% innerhalb der letzten 15 Jahre bilanziert wird. *(Bundesamt für Arbeitsschutz und Arbeitsmedizin).*
Die FAZ meldet am 29.01.2013 seriös, dass ein Unternehmen mit 1000 Mitarbeitern Kosten zwischen 2,25 und 8,25 Millionen Euro einsparen könnte, wenn Disease Managementprogramme umgesetzt würden. Selbst diese klaren Zahlen bringen Manager und Führungskräfte nicht zum Einlenken. Alles soll möglichst so weiterlaufen. Ein „Sich Kümmern" wird eher als eine Beachtung so genannter weicher Kompetenzen abgetan. Der Begriff Weichei macht die Runde. DAK Studie beweist 50% Steigerung von Fehltagen durch psychisch bedingte Erkrankungen innerhalb der letzten 15 Jahren. (Februar 2013)
Gewerkschaft und Bundesregierung scheitern mit einer Einigung zur „Anti – Stresserklärung" im Bezug auf die Situationen in Deutschen Unternehmen. Wieder mal werden nur die bereits vorliegenden Erkenntnisse bestätigt und zu Papier gebracht, nicht etwa eine konkrete Handlung. Die Klimagipfel lassen grüßen. Arbeitgeberpräsident Hundt erklärt, dass die Zustände auf veränderte Diagnosen zurückzuführen seien. Auch Betriebe seien an psychischer Gesundheit des Personals interessiert. Allerdings zeigt sich auch, nur 16% vertrauen sich überhaupt ihren Vorgesetzten an. *(Quelle: DPA/AFP)*
Es drängt sich der Eindruck auf, dass die Führungskräfte zu den modernen Sklaven der Jetztzeit geworden sind. Wie sollen sie handeln? Was können sie überhaupt leisten? Wie sollen zu Tages oder Nachtzeiten Mitarbeiter in entfernten Ländern erreicht werden? Wie lassen sich Verantwortung und Gewinnmaximierung überhaupt seelisch und emotional verarbeiten? Könnte das die hohe Quote geschiedener Partnerinnen beantworten oder gar das schulische Scheitern der Kinder?

Wer sich als Manager ins Erziehungsjahr verabschiedet, wird Nachteile erfahren müssen, bis hin zur Mobbingattacke, möglicherweise ein Karriereknick inklusiv. Wie kann Kontaktverlust zum Personal und mangelnde Hinwendung überhaupt ersetzt werden, wenn Auslandseinsätze alltäglich sind? Wie soll der Verkauf florierender Unternehmen und gleichzeitige Entlassungen von Tausenden Menschen moralisch ethisch noch begründet werden?
Wie fühlt sich ein seriös handelnder Geschäftsführer gegenüber seinen motivierten Mitarbeitern durch die Ereignisse auf den „Bunga Partys" eines zertifizierten Versicherungskonzerns? Wie erklärt eine Führungskraft die Auswüchse mit brasilianischen Frauen bei Betriebsrats- und Managerfeiern? Was empfindet ein Wähler beim Anblick eines Ministers, der vorn auf dem Fahrzeug mit einer Dirne gemeinsam Prozente einfahren will? Wie fühlen sich Nokia Mitarbeiter bei Massenentlassungen, nur weil neue Steuerquellen sprudeln, bei Firmenneugründung in einem anderen Europäischen Land?

Mitarbeiter verlieren Vertrauen, Sinnzusammenhänge, Zugehörigkeit, Anerkennung, Werteempfindung,
Identifikation, um nur einige bereits erforschte Dimensionen zu erwähnen. (Institut für Stressforschung Zürich)

Nachfolgend selbst erlebte Beispiele aus verschiedenen Arbeitswelten.

- ***Was soll eine Pflegedienstleitung tun bei 50% Fluktuation des Personals, wenn sie genau weiß, dass die Menschen aus ernsthaften Überzeugungen die Minutenpflege nicht mehr schaffen.***

- ***Ein Professor einer privaten Hochschule, jahrelang international unterwegs, lässt sich nieder, baut, gründet seine Familie, hat Kinder in der Schule. Dann wird er von heut auf morgen versetzt.***

- ***Ein Referendar schreibt eine Arbeit, die mit eins bewertet wird. Eine Schülerin beschuldigt ihn der sexuellen Belästigung. Trotz Unschuldsbeteuerung wird die Note zur sechs herabgestuft und der Pädagoge versetzt mit dem Hinweis, dass ein Sexualstraftäter komme. Die Übernahme in den Schuldienst schlägt fehl. Nach einem halben Jahr, zum Zeitpunkt der Gerichtsverhandlung, bestätigt die Schülerin, sie hätte etwas Falsches behauptet und hätte damals unter Drogeneinfluss gehandelt.***

- ***Ein Gruppenleiter eines Versicherungskonzerns wird beim Gehaltsgespräch, das 30% weniger ausmacht als zugesagt, mit den Worten abgespeist:" Sie sind doch froh, sonst kriegen sie eben gar nichts". Er lehnt ab. Auf dem Weg zu seinem Arbeitsplatz erleidet er im Flur einen Zusammenbruch.***

- ***Nach der Zusage eines Arbeitsplatzes incl. Dienstwagen, Umzugsvereinbarung, Übergabe eines Kundenstammes, positive Betriebsratsanhörung, wird eine Entlassung verlangt mit der Begründung man wolle keine weiblichen Außendienstmitarbeiter im Konzern.***

- ***Ein mittelständiges Unternehmen in Familienbesitz erpresst die Betriebsratsversammlung nur auf Wochenenden zu verlegen und in die Pausen während der Fortbildungsveranstaltungen.***

- ***Werkstattleiter von Behindertenwerkstätten nutzen seit dem Wegfall der Zivildienstleistenden mit Ein – Euro - Kräften aus der Küche die Beaufsichtigung der ihnen anvertrauten Behinderten zu organisieren. Betreuungsaufgaben verändern sich in Richtung Führungskraft mit Umsatzverantwortung im Kontext mit der zu erbringenden Produktion.***

- *Ein Manager eines großen Sportbekleidungsherstellers erfährt die Wegrationalisierung seiner Sekretärin und hat seitdem bis zu 550 Mails pro Tag. Er kann den Kontakt mit seinem Personal nicht mehr herstellen.*

- *Ein Bundesunternehmen mit ca. 700 Mitarbeitern unterlässt bei einem Krankanstand von 12% Maßnahmen der Gesundheitsförderung mit der Begründung es gäbe die Möglichkeit von Vorsorgeuntersuchungen. Alles andere wäre ohnehin Sache der Krankenkassen.*

- *Mitarbeiter der Deutschen Telekom gehen nach wie vor zur Arbeit, wissend dass sie wesentliche Teile Ihrer Altersvorsorge durch den Kauf empfohlener Volksaktien ihres Arbeitgebers, verloren haben.*

- *Eine Mitarbeiterin im Bürodienst wird in ein Zimmer ohne Tel, Fax und PC versetzt. Dann wird ihr vorgeworfen sie arbeite nicht und gekündigt.*

- *Ein Manager eines Telekommunikationskonzerns soll während des Anrufes der Konzernzentrale spontan entscheiden, an welchen Ort er versetzt werden will, (Ostdeutschland oder Bayern) Er lebt mit Frau, pflegebedürftigen Eltern und schulpflichtigen Kindern im Eigenheim im Rheinland und kann seine Frau nicht einmal dazu befragen.*

- *Eine Mitarbeiterin ist peinlich berührt, weil sie einer Kollegin in Stellvertretung des Führungsverantwortlichen, drei Jahre nach dem Ereignis die Urkunde für 25 jährige Mitgliedschaft im Unternehmen nachträglich überreichen soll.*

- *Eine Dipl. Psychologin arbeitet an einer Universität. Anlässlich eines Besuchers, der ein bestimmtes Gespräch sucht, bringt sie diesen zum gewünschten Gesprächspartner. Bei der Gelegenheit bemerkt sie, dass alle Kolleginnen gemeinsam mit der Chefin gemütlich beim Kaffeeklatsch sitzen. Die Büros sind nicht besetzt. Sie als die Einzigste ist nicht eingeladen, weil sie aus Deutschland kommt.*

- *Zwei in kirchlichem Klinikbereich angestellte Mitarbeiter (Mann & Frau) wollen heiraten. Beide haben eine Ehe bereits hinter sich. Die Klinikleitung verlangt, dass einer der beiden kündigen muss und nicht weiter beschäftigt werden kann, falls die Heirat erfolgen würde.*

- *Eine Gleichstellungsbeauftragte wird von der Behörde entlassen, weil sie sich auch um Männer bemüht; ohne Verstoß gegen geschlechtsspezifische Eigenheiten ihre Handlungen seriös, neutral ausüben will.*

- *Eine Arbeitsagentur manipuliert eine allein stehende Mutter mit drei schulpflichtigen Kindern zu einer Aushilfsstelle in der Keramikindustrie. Die Schicht beginnt um 5 Uhr morgens. Die Frau hat keinen Führerschein und die*

Firma ist 25 km entfernt vom Wohnort. Auf die Ablehnung des Stellenangebotes wird erklärt, sie könne sich eine Tagesmutter nehmen. Lohnangebot 6. 50 Euro. Wenn sie die Arbeit annimmt und die Kinder allein lässt, steht Ärger mit dem Jugendamt ins Haus.

- ***In einem Produktions- und Vertriebsunternehmen treffen sich Führungskräfte und beschreiben glaubhaft die Schwierigkeiten, die immer wieder entstehen wenn Kosten für Meetings gekürzt oder völlig gestrichen werden. Offensichtlich ist die Geschäftsleitung gegenüber dem Verkauf voreingenommen. Erst nach längerer Intervention kann zugegeben werden, dass der entscheidende Geschäftsführer seit mehreren Jahren nicht zu den relevanten Treffen eingeladen wurde.***

- ***In einer Klinik wird eine alte Dame mit einer künstlichen Hüfte versorgt und zeitgleich am Handgelenk operiert. Nach vier Tagen wird der verantwortliche Physiotherapeut zum Chefarzt beordert mit dem Vorwurf: „Warum ist die Patienten noch nicht mobil?" (Nötig für frühe Gehproben nach künstlicher Hüfte) Natürlich kann die Operierte mit Gipsarm nicht die nötigen Gehhilfen halten, wegen der zeitgleichen Operation am Handgelenk.***

- ***In eine Lebensmittelkette im Rheinland wird eine Mitarbeiterin, Mutter von drei Kindern mit einem arbeitslosen Mann, von der Arbeitsagentur vermittelt. Sie ist nachts tätig zum Auffüllen von Regalen mit einem Lohn von 6. 50 €. Als sie ihren Lohn fordert, erfährt sie unter Lächeln, dass sie leer ausgehen wird. „Da haben Sie Pech, wird ihr entgegnet, die Zeitarbeitsfirma ist Konkurs". Jetzt kommt Angst auf, sollte sie sich weigern die Annahme eines anderen Jobs durch die Arbeitsamtsvermittlung zu verweigern.***

- ***Ein leitender angestellter in einem internationalen Konzern als Gewinner der besten Direktion in Deutschland kündigt form und fristgerecht. Daraufhin erhält er fristloses Ausverbot und muss unter Bewachung sein Büro räumen.***

Genug der Beispiele, die keinesfalls die hervorragenden Fähigkeiten von Vorgesetzten und Betriebsinhabern schmälern sollen, schon gar nicht die engagierte Haltung von Chefs, die in enger Vertrautheit sich um ihr Personal kümmern. Jedenfalls verlieren Mitarbeiter bei diesen Beispielen Vertrauen, Sinnzusammenhänge, Zugehörigkeit, Anerkennung, Werteempfindung, Identifikation, um nur einige bereits erforschte und validierte Dimensionen zu erwähnen. *(Institut für Stressforschung Zürich)*

Das ist es, was krank uns machen kann. Krank wird man von Kränkung. *(Dr. med. Rüdiger Dalke)* Dr. E. v. Hirschhausen definiert: „Gesundheit ist das Schweigen der Organe". Eine Begriffsdefinition ganz anderer Art hat den Kunstbegriff „Burnout", für den es keine eigene Diagnoseziffer gibt, hervor gebracht. Die Krankenkassen rechnen dabei ganz einfach über andere Ziffern ab. *(Erschöpfung, Anpassungsstörungen, etc.)*

In dieser Fibel sollen Möglichkeiten aufgezeigt werden, Gesundheitsförderung und Betriebliches Gesundheitsmanagement auch als Prozess einer Organisationsentwicklung zu sehen und Methoden anzuwenden, die ein anderes Verständnis zum Thema hin ermöglichen. Ganz sicher werden dabei anfänglich Widerstände auftreten, die naturgemäß bei Veränderungen eintreten, meist bis zu dem erbrachten Beweis einer Wirksamkeit oder des Verständnisses zu einer neuen internen Kultur, mit der man sich identifizieren kann. Dieser beobachtbare Verlauf innerhalb einer Kultur wird von Prof. Fazer aus Zürich als „zyklisch wiederkehrend" beschrieben.
Führungskräfte müssen darauf vorbereitet werden. Moderation und Methodik der Kooperation erhalten eine eigene Bedeutung jenseits von Fachqualifikation, Vortragswesen oder Filmvorführungen. Gemeinsame Zielvereinbarungen sind nun plötzlich nicht mehr nur von fachspezifischen Belangen bestimmt. Eine zunächst befremdliche Wahrnehmung, die schwer einzuordnen daher kommt. Keine Maßstäbe, keine zu vergebende Noten, keine Messwerte, eher ein Prozess, der nach längerem Verlauf zu wirken beginnt und schlüssige Beurteilungen erst spät erlaubt. Leider sind die Prozesse, die zu erschwerten Gesundheitsbedingungen führen meist unbewusst. Sie sind auf Primärprägungen zurückzuführen. Verhaltensstörungen, die als falsch verstandene und gesundheitsschädliche Führung individuell als normal empfunden werden, zeigen sich wiederholend besonders in gruppischen Zusammenhängen. *(Sozialanalyse nach Jahrzehnten validierter Forschung. Edeltraud Meistermann)*

Das führt dazu mit Machtstrukturen und organisatorischen Regeln und Entscheidungsprioritäten Menschen wie Objekte und Waren einzuordnen. Loyalitäten gehen verloren durch häufigen und schnellen Wandel ohne Beziehungsqualität etwa bei wechselnden Projektaktivitäten auf Zeit. Führungskräfte und Manager sehen sich einer Überflutung ausgesetzt, die vor allem Sozialkompetenzen (heimlich) als wichtiger erscheinen lassen. Ein Bewusstsein für Zusammenhänge, Selbstverantwortung und Engagement für das Ganze entsteht jedoch nur in einer strukturierten und am Prozess orientierten Kooperation. Hier sind in entsprechenden Begegnungen folgende Abläufe sinnvoll.
Orientierung – Machtkampf & Rollenklärung – Konfrontation & Verhandlung – Wachstum & Feedback – Lösung & Alltagstransfer – Reflexion & Dokumentation. Es ist empfohlen mit Moderatoren, Coaching und Supervision zu agieren, sodass internes und externes Know How zusammenfließen. Hier liegt die Verantwortung der Führungs- und Leitungsverantwortlichen, die dabei allerdings häufig mit Gegenwind rechnen müssen. Prozessbegleitung und Analyse sind dabei unerlässlich. In der Reflexion zeigen sich dann die Hürden und die meist notwendige Zeitverschiebung. Außerdem ist in der Regel eine neue Kostenkalkulation nötig.

Mitarbeiterüberzeugungen, Veränderungen von Haltung, Verhalten und Handlung im Sinne eines gesamtheitlichen Verständnisses und einer ethischen Wertvorstellung werden zu Merkmalen eines Erfolges. Allein durch ein theoretisch formuliertes Leitbild wird keine Identifikation bestimmt. Arbeitsplatzzufriedenheit, höhere Belastbarkeit, ein spürbar harmonisches Klima, geringe Fluktuation, Motivationssteigerung, Fehlzeiten- und Kostenreduzierung sind die wesentlichen Ergebnisse und die eigentlichen Wertmassstäbe.

Führungskräfte fühlen sich entlastet und ein normales Gespräch wird ohne Zeitdruck wieder möglich.

Hoffnung und Nachhaltigkeit statt Gewinnmaximierung im Sinne der Salutogenese aus dem Gesundheitswesen *(Anton Antonowski)* ist jener Effekt einer vorbeugenden bewussten Strategie. Vermutlich wird erst auf den zweiten Blick erkennbar, wie das „Integrative Augenwalking ©" eine direkte Wahrnehmung zum gesunden Verhalten ermöglicht, eben ein visueller Zugang unseres best ausgeprägten Sinnesorgans im direkten „Draht" zu Gehirn und Nervensystem. Häufig tagsüber, mit wenigen Minuten routinisiert, entsteht ein Bewusstsein zu einem neuen Umgang mit der eigenen Arbeitszeit, persönlichem Energielevel und rechtzeitigem Erkennen von Belastungsgrenzen, um Ressourcen zur Vorbeugung durch Selbstverantwortung zu generieren. Kopfschmerzen könnte so nicht ausschließlich als Befund sonders als Impuls verstanden werden. Das ist authentisch und verbindlich und führt zum autonom handelnden Mitarbeiter. Besonders in Arbeitsteams durch gegenseitiges Üben. Freilich nur dann, wenn Führungsverantwortliche selbst als Vorbild handeln und als solches wahrnehmbar sind.

Zugegeben, ein anderer wirkungsvoller Zugang als das tradierte Weihnachtsessen, um ein Betriebsklima nur vorzutäuschen. Der Zuschuss zum Fitnessstudio als Gesundheitsbeitrag oder die jährlich angeordnete Wanderung, mit der Zusammengehörigkeit angezeigt werden soll.

Resilienz und Resonanz sind ein Paar – Der Dynamo im Coaching

Natürliche und gehirngerechte Impulse zur Verständigung im Gesundheitswesen

Aspekte der Coaching Fortbildung zum Personal Coach MAC ® in 2015
Mittelrheinische Akademie für Coaching & Beratung
www.mac-koblenz.jimdo.com

Kollektive Resilienz des Herzens unter Fremden

40 Rosen im Speisewagen – Abschied vom Vater

Die Geschichte mit den Rosen kennen wir aus der Überlieferung der Elisabeth von Thüringen. Sie hatte Diebesgut unter dem Rock versteckt, um es den Armen weiterzugeben. Bei der Kontrolle durch die Obrigkeit geschah es, dass sich die Gegenstände in Rosen verwandelten und sie so straffrei bleiben konnte. Die Geschichte mit den Rosen im Speisewagen wurde in einer Andacht in der Weihnachtszeit 2014 erzählt. Eine junge Frau betrat den Speisewagen mit einem großen Strauß Rosen im Arm. Die Fahrgäste vermuteten schon, dass es wieder so eine Aktion aus den Restaurants der Stadt sein würde, wo zu teurem Geld Rosen zum Kauf angeboten würden. Jedoch die junge Frau

begann zu erzählen, dass ihr Vater der Lokführer sei und sie in vierzig Jahren niemals einen Fahrgast hat kennen lernen können. Und heute, so spricht sie ehrfürchtig, sei seine letzte Fahrt. Sie bittet darum, dass jeder Fahrgast ihm am Ende der Fahrt am Führerhaus eine Rose übergeben möge.
Die Gesichter der Fahrgäste verändern sich in Erstaunen, Schmunzeln, sogar Tränen und ernsthafte Fältchen. Nicht einer der Gäste verweigert die Rose und als der Lockführer seinen Führerstand das letzte Mal verlässt, ist er überwältigt und sein Blick geht wie automatisch zu seiner Tochter hinüber, weil er sofort spürt, dass es Ihre Liebe ist, die die fremden Menschen dazu gebracht hat. Die drei uniformierten Eisenbahner, bleiben irgendwie abseits stehen mit ihren gebundenen kleinen Sträußchen.

Madeline Scotto; die Hundertjährige unterrichtet noch an einer Schule in New York.

Die naturgegebene Resilienz einer individuellen Lebensenergie.
Wir haben es nicht in der Hand, wie alt wir werden und welche Schicksalsschläge uns widerfahren. Es entzieht sich dem Verstand, welche Lebensenergien uns zur Verfügung stehen und wie lange die Lebenskraft, die Vis Vitalis, Prana, Odem oder Chi individuell bereitstehen. Es bleibt uns nur, Worte dafür zu finden. Wir berichten darüber, dass die meisten Hundertjährigen in Italien (Limone), in Japan und auf Kreta zu finden sind. Die Kraft dieser Resilienz bleibt für uns unerklärbar. (90% unseres Verhaltens sind unbewusst, so Siegmund Freud)
Warum die Resonanz eine so große Bedeutung hat.

- Im Januar 2015 zeigt sich die Wirkung von Resonanz besonders deutlich. Europaweit gehen Millionen Menschen auf die Strassen, um sich solidarisch zu zeigen bzgl. der Erschießung der Journalisten in Paris
- Die Betrachtung eines Gemäldes löst in uns Menschen etwas aus. Henry Matisse sagt dazu: „Wenn man ein Bild betrachtet, sollte man sich die Zunge abschneiden." Damit man nicht alles ausspricht, was man im Bild zu erkennen glaubt.
- Die reduzierte Frequenz auf 60 Hz einer klassischen Musik bewirkt ernorme Resonanz bei Erkrankungen und löst Verspannung und Depressionen. Deshalb wird vor allem Mozart erfolgreich in der Heilung angewendet.
- Wenn wir Bergwandern, löst die Erfahrung mit der Natur mit ihren harmonischen Bildern, Düften und Farben eine bestimmte Schwingung aus, weil die Resonanz darauf unser vegetatives System erreicht.
- Die Betrachtung des Lieblingsfotos eines Enkelkindes verursacht Glückgefühle und der Rheumaschmerz kann nachlassen du vorübergehend vergessen werden.
- Die Forschung mit Babys zeigt, dass Erprobung von neuem Verhalten an der Resonanz in der mütterlichen Gesichtsmimik abgelesen wird. Entweder dann abgebrochen oder als Ermutigung übernommen wird.

- Aus der Gehirnforschung wissen wir, das Spiegelneuronen eines Gegenübers in uns Resonanz auslösen. Ein unbewusster Prozess. In Sekundenbruchteilen spüren wir spontan Sympathie oder Antipathie, ohne jegliche verstandesmäßige Überprüfbarkeit. Genauso Übereinstimmung oder Vertrauen. *(weißer Arztkittel, schwarzes Richtertalar)*

Resilienz und Resonanz ergeben eine ideale Verbindung in allen Situationen von Verständigung in Führung, Beratung und Coaching. Resonanz ist die Chance schwierigste Konflikte unverhofft geschickt zu lösen.

Häufig anzutreffende Gruppen alter Männer, die freundlich bei Tee diskutieren. Sie spielen mit dem Komboloi, *(ähnlich wie die Perlen eines Rosenkranzes)*wie man es hier auf Kreta kennt. Kein Kellner drängt zum Konsum. Die besondere Geduld ist eine Resilienz, die wir im hektischen Westeuropa nur selten im Alltag antreffen.

In südlichen und arabischen Ländern findet sich eine Lebenshaltung, die eine offensichtlich kollektiv vorkommende besondere Selbstfreude kennt. Beim Handeln und Feilschen zeigt sich im Prozess und am Ende stets ein besonderes Glücksgefühl. Ein stets wiederkehrendes positives und selbst initiierbares Resilienzgefühl, hier aus der Kultur geprägt.

In Unternehmen gilt Resilienz als mögliche Beständigkeit gegen Umfeldstörungen ohne negative Beeinflussung zu überstehen. Eine Selbstregulation scheint erstrebenswert und die damit verbundenen individuellen Eigenschaften des eigenen Verhaltens sollen genutzt werden. Erlernbar scheint nur ein Anpassungslernen, um sich auf Verhalten einzustellen, wenn Umfeldbedingungen unveränderbar sind. Die Unternehmen versuchen Methoden zu entwickeln, um Resilienz zu fördern

Für die einzelne Person ist sie als Fähigkeit zum Selbstschutz definiert. Als eigene Kontrollfähigkeit. Stabile Beziehungen, die Fähigkeit Belohnungsgenuss aufzuschieben, emotionale Intelligenz und autonomes Verhalten in und mit Gruppen sind die wichtigsten Elemente eines Menschen, den wir als „resilient“ bezeichnen. Hier taucht der „Zwillingspartner“ der Resilienz auf. Zusammen wirken sie wie ein Energie erzeugender Dynamo.

Die Resonanz.

Sie ermöglicht intuitiv, die positive Energie der als „Steh auf Mentalität“ bezeichneten Kompetenz, bewusst zu machen. Eine direkte Folge ist ein Zugriff auf Fähigkeiten, um Situationen souverän zu überstehen. Positive, innere Bilder stehen dazu unbewusst zur Verfügung. Wir wundern uns über die Resonanz beim Echolot, um die Meerestiefe zu finden, nutzen den Ultraschall und erkennen früh Erkrankung oder Zustand des Fötus im Bild. Wir anerkennen die Resonanz als Schwingung der Musik oder erleben sie als anziehend oder abstoßend in der Begegnung mit anderen.

In Gruppenprozessen wird Resonanz besonders deutlich. Die Techniken der Kunsttherapie, die sich wesentlich auf das Malen von Konflikten oder Zuständen bezieht, erlauben Analyse und Erkennen eigener wiederkehrender Denk- Fühl- Verhaltens- und Lebensmuster. Im gemalten Bild werden Wahrnehmungsreize ausgelöst und bewusst. Visualisierung ist der Schlüssel zu verborgenen Bedeutungen in Bezug auf die Umwelt. (Menschen, Gruppen, Situationen) Sie wirkt wie ein Schnappschuss bei Röntgen, Kernspin oder Ultraschall in der Medizin. Das als Resonanzbild zu bezeichnende „Ausdrucksmalen" *(etwa in Bezug auf eine Arbeitsplatzsituation)* in einer Gruppe vermag einen unkonventionellen Blick für das zu ermöglichen, was bisher rational unbeachtet blieb. Unsere Fähigkeit der Intuition ist schnell und ein autonomer Prozess. Sie umgeht langfristige Denk- und Bewertungsprozesse und berührt u. a. Langzeitgedächtnis, Vorerfahrungen, Erwartungshaltung, Aufmerksamkeit, Reizverarbeitung, kollektiv Unbewusstes, Motorik, Mythos, biografische Prägungen und Emotion gleichermaßen.
Die Resonanz auf Bilder *(visueller Sinneskanal)* ermöglicht gleichsam im Vorübergehen ein Verständnis, ähnlich schnell wie ein Piktogramm. Assoziation *(spontane Ideen)* und Amplifikation *(kollektiv, kulturelle, religiöse, mythisch, historische Erweiterung)* ermöglichen einen Zugang zur Momentaufnahme des durch Malen gestoppten normal ablaufenden Vorstellungsflusses. Die Psychologie geht davon aus, dass unser gesamtes Denken in Bildern erfolgt. *(ca. zehn Gedankenbilder pro Minute bedeuten 9000 Bilder pro Tag – Auch im Traum träumen wir in Bildern)*

Foto am Tag der Trauer zum Attentat auf Journalisten in Paris. *Jan. 2015*
Die Wirkung von Resonanz auf solcherlei Bilder wird planmäßig einkalkuliert. Ähnlich, wenn im Riechhirn Düfte direkt wahrgenommen werden, gelangen Bilder durch den Nucleus Optikus und das emotionale Gehirn ohne Kontrolle unmittelbar ins Unterbewusste.
Das die beiden Nationen an der Spitze der Waffenexporte stehen und Soldaten in die Länder der Welt schicken, muss gesondert mit eigener Bewusstheit und einem anderen Gehirnteil, etwa der Großhirnrinde, verarbeitet werden. Das Fernsehen hat die Aufnahmen so geschnitten, dass vorgetäuscht wurde, als würden die Politiker den Massen voran schreiten. (Manipuliertes Pressebild). Macht ist obligatorisch resilient.

Resonanz ist als ein Aspekt der „neuro - kognitiven Psychologie" zu verstehen, die durch Erkenntnisse der Erforschg im Zusammenhang mit Spiegelneuronen ihre Bestätigung gefunden hat. Die Wortwahl in der Hypnose ermöglicht Verhaltensänderung und bei Autogenem Training bewirkt eine Resonanz auf Blutdruck, Herzfrequenz und Atmung. In Meditation und Yoga zeigt die Resonanz gesundheitliche Verbesserungen. In einer medizinisch wissenschaftlichen Fachgruppe werden durch Resonanz auf universelle Schwingungen natürliche Heilungen beobachtet und ärztlich dokumentiert, die medizinisch nicht zu erklären sind. Resonanz ist ein empfehlenswerter Wegweiser in Mitarbeiter – Coaching, Gruppenmoderation, Gesunder Führung und Beratung im Betrieblichem Gesundheitsmanagement und Gesundheitsförderung. Vor allem beim Umgang in und mit Gruppen, weil Verhaltensmuster, die in der Primärsituation erlernten Mechanismen in alltäglichen Gruppensituationen unbewusst wiederholt werden. Unerkannt führen diese zu zyklisch wiederkehrenden Konflikten. *(Sozialforschung)*
Die reflektierende Besprechung gemalter Bilder erfolgt ohne Dogmen, Bewertung und Interpretation. Mit offenen Fragen wird auf Aspekte der Bilder so eingegangen, dass der Maler zur inneren Reflexion und zum Ausdruck der gemalten Inhalte angeregt und ermuntert wird. Die Resonanz auf resiliente Bildaspekte ermöglicht eine nachhaltige ungestörte Reflexion der beteiligten Gesprächspartner. Bedingung: Vertrauen, Beziehungsqualität, Verbindlichkeit und Freiwilligkeit.

Zusammenwirken von Resilienz und Resonanz ist der Schlüssel in schwierigen Coachingsituationen. Mit Bildern unterstützt werden Coaching und Beratung zum Erfolg in der Begegnung von Lern- und Arbeitsgruppen, im Kollegenkreis, sowie in der Gestaltung der Chef – Mitarbeiterbeziehung. Stabile Kooperation und wertschätzende Kommunikation sind nachhaltige Folgen für Organisationen.

Vor allem deshalb, weil keine künstlichen Manipulationstechniken oder Wettbewerbe benötigt werden. Die eigenen Eigenschaften werden bewusst und nutzbar gemacht.

Vertrauen, Mut, Sicherheit, Neugier. Betroffen und beteiligt sein von Vater und Sohn

Folgende Fähigkeiten werden bei Resilienz beobachtet:

- **Optimismus**
- **Akzeptanz von Unveränderbarkeit**
- **Verantwortung**
- **Loslassen können**
- **Neuorientierung**
- **Eingebunden sein**
- **Vernetzung**
- **Imaginationsfähigkeit**
- **Glaube und Spiritualität**
- **Mut zu Affirmationen**

Zur Auffindung der Resilienz brauchen wir Szenen aus frühen Erinnerungen ca. bis zum 7. Lebensjahr. Darin sind Ermutigungen, positive Erlebnisse, Erfolge, emotionale Vitalität, Glück, Imitation von Vorbildern, Erlaubnisse u. a. bildhaft abgespeichert. Innere Bilder müssen durch Imagination berührt werden, um sie nutzbar zu machen. *(Prof. Dr. Luise Reddemann)* Jeder Mensch verfügt über reichhaltige, positive innere Bilder. *(Prof. Hüther)*

Entstehung der Emotionen.

- Absolute Reizschranke — 1. Monat
- Hinwendung zur Umwelt — 2. – 3. Monat
- Vergnügen, gelungener Anpassung — 3. - 5. Monat
- Teilnahme am sozialen Geschehen — 6. – 9. Monat
- Sozial, emotionale Bindung — 6. – 9. Monat
- Üben und forschen — 13. - 18. Monat
- Herausbildung des Selbst — 19. - 36. Monat
- Spiel und Phantasie — ab 36. Monat

Coaching lebt von einem positiven, situativen beteiligt und betroffen sein:
Der Chirurg ist an der Operation beteiligt, aber nicht vom Ergebnis betroffen. Der Lehrer ist beteiligt an der Note, nicht aber betroffen von einer gefährdeten Versetzung. Eine Ehefrau ist betroffen aber nicht beteiligt an der außerehelichen Beziehung des Partners. Bürger sind betroffen vom Strompreis und nicht beteiligt am Wucherwahn.

Hier wirkt „Coaching mit Bildern“, indem auslösende innere Bilder durch Resonanz neue Verhaltensmuster anregen und ermöglichen. Eine Unterschiedsbildung zu bisherigen Mustern wird wirksam. Dieser Grundsatz von „betroffen + beteiligt sein“ sollte für Chefs,

Führungskräfte und Berater obligatorisch sein. Wir kennen die „cycles of power". Pamela Lewin hat diese *Resilienzen* erforscht in Phasen vom ersten bis 20ten Lebensjahr. Das Recht da zu sein (bis 6 Monate) - Die Kraft zu handeln (6 - 18 Monate) - Selbständig denken können (1 ½ bis 3 Jahre) - Eigene Identität entwickeln (3 - 6 Jahre) - Geschicklichkeit erlernen (6 - 12 Jahre) – Kraft zur Erneuerung Liebe geben können (12 - 19 Jahre) - Kraft zum Recycling zur eigenen Zeit und eigener Wichtigkeit (ab 19tem Jahr)

Wie Resonanz durch den visuellen Sinneskanal *(Bild)* beim Coaching die Resilienz bewusst machen kann

Per **Mail und Phone** – (Info vor dem erstem Coaching - Treffen). Gemalte Arbeitslosigkeit nach 1 ½ Jahren, (in der Familie Monate lang verschwiegen, depressive Phasen, Frau oft traurig, denkt an Trennung, Kinder weinen häufig. Bild zeigt zeitgleich die **Resilienz** aus der Natur.
Spontane ***Resonanz*** *im Bild: Gewitter gehen vorbei. Zukunftshoffnung, die Begegnungen mit neuen Menschen. Neue Wege sind erkennbar. Der Regenbogen gibt Zuversicht nach* ***(7 Monate)*** *offenem Gespräch mit der Partnerin und Erinnerung an positivste Erlebnisse.*

Mitten während der Depression und in Leid und der Ungeduld wird Das Unbewusste aktiv. Durch Malen wurde die Depression in fast zwölf Monaten Krankanhausaufenthalt erträglich. Die Krücke wird zur bunten und zur farbenfrohen Hoffnung und machte Medikamente überflüssig. Eine autonom wirkende Resilienzenergie.

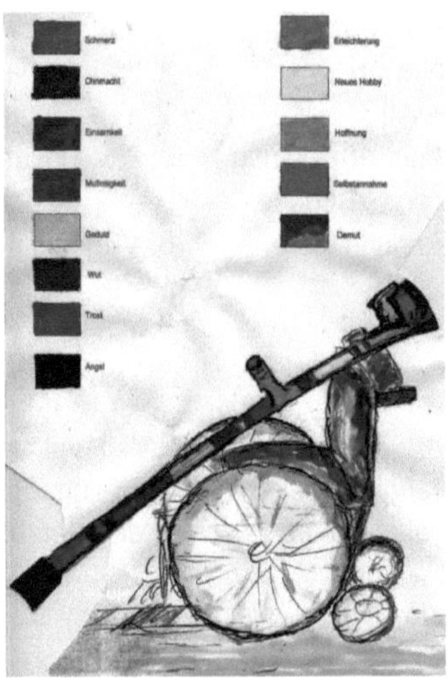

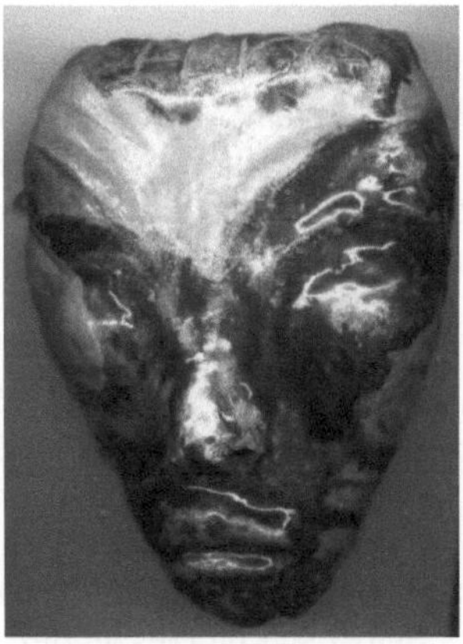

Frau formt mit verbundenen Augen ihr Lebensthema.
Sie hatte sich 22 Jahre vor einer Augenoperation gefürchtet.

Eine Mutter (55 Jahre) von drei Kindern hat seit fünfundzwanzig Jahren Kontaktlinsen.
Ewige Angst das Augenlicht zu verlieren und die Skepsis gegen Laser und Augen OP.
Sonderführerschein ist nötig. Dauernde Fahrunsicherheit. Sie lebt mit - 12 Dioptrien und aufkommender Hornhautverkrümmung. Ein Workshop für Kunsttherapie bringt eine Wende. Mit verbundenen Augen soll sie ihr Lebensthema in Ton modellieren, lasieren und brennen. Das fertige Produkt beeindruckt sie sehr, weil sie auf ihre Fähigkeiten vertraut hat, ohne zu grübeln und angstfrei. - Heute hat sie künstliche Linsen sieht ohne Brille. Resilienz in Aktion.

Die Kraft zum Leben – Ein Gedicht zeigt die Resilienz

Ich danke allen, die meine Träume belächelt haben; sie haben meine Phantasie beflügelt. Ich danke allen, die mich in ihr Schema pressen wollten; sie haben mich den Wert der Freiheit gelehrt. Ich danke allen, die mich belogen haben; sie haben mir die Kraft der Wahrheit gezeigt. Ich danke allen, die nicht an mich geglaubt haben;
sie haben mir zugemutet Berge zu versetzen. Ich danke allen, die mich abgeschrieben haben; sie haben meinen Mut geweckt. Ich danke allen, die ich verlassen habe; sie haben mir Raum gegeben für Neues. Ich danke allen die mich missbraucht und verraten haben; sie haben mich wachsam werden lassen. Ich danke allen, die mich verletzt haben; sie haben mich gelehrt im Schmerz zu wachsen. Ich danke allen, die meinen Frieden gestört haben; sie habe mich stark gemacht dafür einzutreten.
Vor allem aber danke ich all jenen, die mich lieben, so wie ich bin; sie geben mir die Kraft zum Leben.

Paul Coelho, 1947

Geschichte zum Resonanzprinzip

Ein junger neugieriger Indianer fragt seinen weisen Häuptling, wie es kommt, dass viele Menschen unhöflich, frech, zänkisch und ärgerlich seien und warum sie streiten und kämpfen. Andere seien liebevoll, hilfsbereit und friedlich. Darauf der Häuptling: „In jedem Menschen wohnen zwei Wölfe, der eine so - der andere das Gegenteil, so wie du gesagt hast. Diese beiden kämpfen miteinander." Darauf der Junge zum Häuptling: „Und wer gewinnt?" **„Der, den du fütterst", lautet die Antwort des Häuptlings**

Die aktuelle Untersuchung der Deutschen Angestellten Krankenkasse (*NTV 17. März 2015)* zeigt, dass 1 Mill. Menschen am Arbeitsplatz dopen und bis 5 Mill. bereits entsprechende Tabletten konsumieren gegen Stress am Arbeitsplatz. Ein völlig entartetes Ansinnen, um Resilienz zu erreichen.
Besonders deutlich wird die Resonanz auf eigene Resilienzen sichtbar bei Alzheimer- und Demenzpatienten, bei denen die Forschung von **Inseln des Selbst** spricht. Dies im Bezug auf Sozialverhalten, geistige Aktivitäten, die in Erinnerung an eigene positive Erlebnisse aus der Biographie dazu beitragen, dass der Krankheitsverlauf gemildert verläuft oder gar später einsetzt.

Dieter Loboda, Counselor grad., Buchautor
Dozent, freier Medical Journalist, Clown Doktor i. A.
Information unter: MAC ® Mittelrheinische Akademie für
Coaching & Beratung – Im Flürchen 13 - 56112 Lahnstein
Tel: 02621 62186 - Handy: 0171 384 1722
http://mac-koblenz.jimdo.com - www.paedagogichesforum.eu
info@learnline-loboda.de

MAC
Mittelrheinische Akademie
für Coaching & Beratung ®

Wenn wir unsere Träume fragen und darin Resilienzen erfahren

Analysehilfen:
Objektstufe - Subjektstufe – Archetypen – Kompensation – Assoziation – Final / Kausal - Amplifikation – Symbolik - Komplexe – Gleichzeitigkeit - Animus – Anima - Angst

Beratungstechniken
Erweitern *(Kultur, Medizin, Religion etc.)* - Märchen kreieren – Inszenierung - Skulptur *(Körper / Ton* - Ausdrucksmalen *(Traum im Bild)* - Zu Ende schreiben
Interaktionale Kunst *(Bild Feedback)* - Wiederholt erzählen - Identifikation *(Konfrontation)* - Resonanzwahrnehmung-. Traumtagebuch Vier Quadranten Model (*3 Felder malen/Imagination in Lösungsfeld 4)*

Wonach und wie gefragt wird

Tagesrest – Häufigkeit – Gefühlserleben – Finalität – Funktionen - Prospektivität - Traum Ich - Libido – Tiersymbolik – Komplex – Archetyp – Schatten – Zeitpunkt - Realer Bezug - Regression – Progression – Kausalität – Heilungsbotschaft – Weissagung – Warnung - Klartraum

Fragetechniken

- Warum kommt der Traum gerade hier und jetzt?
- Was wird im Traum gezeigt?
- Über was möchte ich am liebsten hinwegsehen?
- Was will der Traum?
- Welche Gestalt könnt die Lösung verraten?
- Welche kulturellen, kollektiven Zusammenhänge zeigt der Traum?
- Welche Traumelemente machen glücklich?
- Welchen Zusammenhang mit dem Alltag gibt es?
- Was stimmt an Symbolen mit dem Träumer überein?
- Welche Struktur hat der Traum?
- Was ist das Traumbild?
- Welche Auffälligkeiten gibt es?
- Welche Gegensätze sind zu erkennen?
- Welche Gemeinsamkeiten gibt es?
- Gibt es Helfer im Traum?
- Welche Heilkraft ist zu erkennen?
- Wohin führt der Traum?
- Welche Symbole sind wichtig?
- Welche Gefühle habe ich beim
- Aufwachen?
- Was konkret macht das Traum Ich?
- Was vermeidet der Traum?

Bedeutung der Tierträume für die Lebensdynamik

1.) Lebenskontext *(nach Dr. Helmut Hark)*
Welche Phantasien habe ich zum Tier?
Was habe ich mit dem Tier in der Realität erlebt?
Habe ich das Tier kürzlich gesehen?
Welche Bedeutung hat das Tier in de Lebensgeschichte / Familie?

2.) Psychodynamik / Somatik
Welche Emotionen und Triebkräfte beherrschen den Traum?
Welche gefühlsmäßige Reaktion darauf gibt es?
Wie und wo spüren sie dies in Körper oder Organ?
Unter welchen psychosomatischen Störungen leiden sie?

3.) Kompensation und Lebenswandel
Sind sie im Lebenswandel eingeschränkt? (Tiere im Traum krank)
Welche kompensatorische Wirkung auf ihr Bewusstsein hat das Tier?
Könnte Tierliebe im Traum Mitgefühl, Nächstenliebe, Gesundheit stärken?
Wie könnten Triebkräfte (Tiertyp) zum Wachstum der Persönlichkeit beitragen?

Allgemeine Fragestellungen

Welcher Traum beschäftigt mich schon länger?
Welcher Traum kommt wiederholt vor?
Welchen Traum möchte ich besprechen?
Welchen Traum erinnere ich nur teilweise?
Welcher Traum macht mir noch Angst?
Mit wem möchte ich zunächst zu zweit über einen Traum sprechen?

Pro und contra zum Träumen

Träumer sind Weicheier
Ich bin morgens nicht ausgeschlafen, wenn ich träume.
Das ist ja doch alles Blödsinn
Ich will mit dem sexuellen Mist nichts zu tun haben
Das kann überhaupt niemand beweisen
Darauf falle ich garantiert nicht rein
Wozu habe ich denn meinen Verstand?
Träume sind doch nur Schäume

Es macht Sinn, Schlaf für Bedeutsames zu unterbrechen
Ich überantworte mich den Lebensquellen
Ich lasse Erinnerungen geschehen
Für das Wesentliche hab ich immer Zeit
Ich will vollständig mit allen Sinnen leben
Ich möchte alles erinnern können und im Gedächtnis behalten

Häufige Traumarten

Tag - Träume

Alb - Träume (ICD-10F51.5)
Angst - Träume
Tier - Träume
Zukunfts- Träume
Warn - Träume
Todes - Träume
Erotik - Träume
Weissagungs - Träume
Luzide *(Klar)* – Träume
Transzendente Träume (initiatorisch)

Unterscheidungsmerkmale in der Traumdeutung

Siegmund Freud:
Der analytische Ansatz (Tiefenpsychologie)
C. G. Jung:
Der psychologische Ansatz (Symbolik, Kollektivität, Archetypen)
Bisswanger:
Ansatz der Daseinsanalyse (Tatsächlicher Trauminhalt)
Boss:
Phänomenologischer Ansatz (Zusammenhänge und Bedeutung)

Träume im Alltag

Der Chemiker **Kekule** hatte nach hunderten Versuchen die chemische Formel von Benzol zu finden fast aufgegeben, dann träumte er von einer Schlange, die sich in den Schwanz bis. So erkannte er, dass Moleküle sich im Kreis anordneten.
Die **Senoi Indianer** erzählen sich bis mittags die Träume und bedanken sich, wenn sie sich im Traum den Anteil einer anderen Person ausgeliehen haben. *Dort gibt es keinen Betrug, keinen Mord, keinen Suizid.*
Die Einwohner **Australiens** träumen kollektiv, wer der nächste Häuptling werden soll.
A. Mozart hatte in einer Sekunde die ganze Symphonie im Kopf
A. Einsteins Wissenschaften wurde durch Traum inspiriert
A. Lincoln erfuhr im Traum von einem Wachsoldaten sein Attentat
A. Hitler träumte überschüttet zu sein im Graben mit Schlamm und Eisen. Erwachte, verließ den Graben, überlebte als einziger den Angriff
Agamemnon marschierte nach Troja durch Traumbotschaft von Zeus

Umgang mit Albträumen

- Die aufkommenden Träume regelmäßig, morgens
- kurz nach dem Aufwachen, aufschreiben.
- Träume verändern und umdeuten in neuen Verlauf.
- Welche Aspekte machen Angst / neg. Gefühl?
- Was soll an dem Traum erhalten bleiben?
- Welche Szene möchte ich klug verändern?
- Welche neuen Traumteile kann ich dazu finden?

Trennung von Emotion (Lösung von Verknüpfung mit der Bewertung) und Gefühl (Sensorische Empfindungen) erlernen.

- *Tägliches Einüben des neuen Traumskriptes.*
- *Ev. Traum als Märchen weiterschreiben zur Vermeidung belastender Zustände, wie bei der Konfrontationsmethode*
- *Methoden zur Deutung auf persönliche Neigung hin abgleichen*
- *(Skulptur, Rollenspiel, Inszenierung, Ausdrucksmalen, Vier Feld Strategie, Analyse, A+A, Sub – Objekt , Archetyp, Amplifikation und*
- *Assoziation, Biografischer Spaziergang Bodenanker, Ultra Kurz Reframing, Hypnosystem, Dia Projektor, Fragetechnik, Six Step, u. a.*

Vorgehen in fünf Schritten

1. Traumgenau beschreiben
2. Was soll so bleiben, wie es ist
3. Welche Szenen sollen verändert werden
4. Was soll anstelle der Veränderung eingefügt werden
5. Kreative Umsetzung

   (Spiel, Skulptur, Geschichte, Bewegung, Rollenspiel, Malerei....)

Der Traum mit den Wölfen *(Resilienz im Traum Ich)*

Ein Auszubildender schläft mur noch schlecht manchmal gar nicht ein. Hat Angst vor den Wölfen im Traum. **Er träumt vom Arbeitsplatz und den dort herum beißenden Wölfen und rettet sich im Traum auf eine Leiter.** Der junge Mann ist besorgt und versteht im Traumgespräch die emotionale Bedeutung von animalischen Aspekten der Tierwelt für sich selbst. Er will Karriere machen und ist zielstrebig. Erlebt die Streitereien und Hahnenkämpfe der Kollegen als destruktiv. Er war Im Traum klug und umsichtig und hat sich zu schützen gewusst,

hat dabei sich Nicht eingemischt. Im übertragen Sinne, so sagt er, will er ab sofort auf sich achten und am Arbeitsplatz Kämpfe vermeiden. Erleichtert sieht er das Rudelverhalten von Wölfen, deren klare Struktur, die gemeinsame Jagdtechnik und liebevolle Betreuung des

Nachwuchses und eine Wölfin als Leitfigur. Jetzt versteht er die Ratschläge seiner Mutter, am Arbeitsplatz nicht zu rivalisieren und das sein „Traum Ich“ sich auf die Leiter retten konnte. Seit dem Traum kann er wieder ein- und durchschlafen.

Träume sind mit ihren Symbolen und Bildern stets authentisch, magisch, mythisch, intuitiv, emotional und rational zugleich. Sie bewirken evidente Erlebnisse, die ungetrübt eine individuelle Sichtweise erlauben. Oft sind Hinweise auf Resilienz hilfreich. C. G. Jung hat darauf hingewiesen, dass häufig wiederkehrende Träume eine existenzielle Botschaft haben. Dr. Helmut Hark ordnet jedem Traum eine heilende Botschaft zu, Träume führen uns zu Quellen tiefster Weisheit, so sagt Erich Fromm und für Siegmund Freud waren Träume der Königsweg zum Unbewussten. Prof. Dr. Klaus Uwe Adam schreibt den Träumen eine autonome Regulation unserer Psyche zu. Schließlich sind Träume an einem neurologisch, bio – chemischen Gehirnablauf, Wach und Schlafrhythmus beteiligt. Träume beschäftigen sich mit der noch nicht beherrschten Informationsverarbeitung, so Werner Stangl. Träume sind kostbare Botschaften, so Willy Peter Müller sowie die ägyptische Sichtweise der Pharaonen. Träume sind also die natürlichste Quelle für Coaching und Beratung, neben notwendiger medizinischer Indikation.

In Träumen steckt die Resilienzbotschaft *(Wenn die Fragen richtig sind)*

In 2016 und 2019 sind Weltsensationen den Astronomen gelungen: Gravitationswellen sind nachgewiesen und eins erstmalig fotografiert worden. Gravitationswellen, jene Krümmungen in der Raumzeit, die Albert Einstein bereits vor hundert Jahren beschrieben hat. Hatten die Forscher dazu einen Traum? Es waren eher Visionen, Ideen, die über sie kamen, vielleicht eine Art Geistesblitze. - Träume hingegen sind individuelle, kollektive und unbewusste Verarbeitungsvorgänge in uns, die in symbolischer Sprache, wie nicht gelesene Briefe des Unbewussten, an die Oberfläche gelangen, freilich nur, wenn man sie angemessen verstehen kann.

Menschen träumen besonders in Krisen, bei Lebenskonflikten, bei Trennungen, Erkrankungen und anderen schicksalhaften Ereignissen. Auch im hohen Alter und bei Todesfällen im Umfeld werden verstärkt Traumaktivitäten beobachtet. Träume sind eine autonome Steuerung unseres gesamten Psychosystems. Aber wie soll man damit umgehen? Gibt es überhaupt die richtige Methode für die Traumdeutung? Versteht jemand den Träumenden mit seiner nur bruchstückhaften Erinnerung aus der Nacht? Und was ist zu tun, wenn die Traumbotschaft symbolisch verschleiert ist, womöglich sogar Angst macht?

Einige Möglichkeiten werden in der Literatur beschrieben. So kann man den Traum als Märchen erzählen lassen und/oder ihn als Identifikation mit all seinen Figuren nachempfinden, den Träumenden mit den im Traum vorkommende Figuren konfrontieren. Man kann zudem den Traum als Theaterstück inszenieren, ihn umdeuten, nach einer heilenden Botschaft untersuchen, ihn als Hinweis verstehen oder als inneren Ratgeber für Situationen nutzen. Wie war der Tag vor der Nacht des Traumes? Welche objektiven und subjektiven Elemente weist der Traum auf? All das sind Herangehensweisen, die bei der

Deutung von Träumen hilfreich sein können. Für jene, die mehr über ihre Traumbotschaften erfahren und sich selbst dafür sensibilisieren möchten, empfiehlt sich das Führen eines Traumtagebuches. Das im Traum Erlebte lässt sich auch gestalterisch nachempfinden, beispielsweise durch die Arbeit an einer Tonskulptur. Die Liste verschiedener Möglichkeiten ließe sich weiter fortführen.

Das „Bildunterstützte Coaching©“ in der Traumberatung

Meine Methode möchte ich hier näher beschreiben wegen ihrer Zweckmäßigkeit und Effektivität. Sie vermeidet Bewertungen und ermöglicht den Träumenden eine authentische, evidente Selbstwahrnehmung. Das Bild als eigenes Produkt begünstigt Gespräche ohne Projektionen. Diese Methode basiert darauf, dass all unser Denken über Bilder funktioniert. Die Bilder werden multi–codiert innerlich abgespeichert und bleiben auch in späterer Zeit abrufbar. Emotionalität, Gefühle, Farben, Muskelbewegung, beteiligte Personen, Wetterlage etc. werden dabei zeitgleich erlebt. Normalerweise gehen wir im Kontakt mit Menschen aus den Bereichen Pädagogik, Gesundheitswesen, Wissenschaft, Religion, Therapie und Beratung per Argumentation miteinander um. Wir unterlassen es dabei, die visuellen Kanäle mit einzubeziehen, halten das vielleicht sogar für naiv und werten es als kindlich ab. In der Kunsttherapie weiß man allerdings längst, dass Bilder genutzt werden, wenn z. B. die Sprache verloren wurde. Aber einen Grundsatz darf man bei der Traumberatung nicht übersehen: „Ohne die Befragung des Träumers ist keine Traumdeutung möglich.“ (C. G. Jung)

Fallbeispiel:
Ein sechsundfünfzigjähriger Mann nimmt an einem Seminar der Arbeitsagentur teil. Er ist seit eineinhalb Jahren arbeitslos und nach 33 Jahren Betriebszugehörigkeit völlig desillusioniert. Er geht jeden Morgen aus dem Haus, als wenn er weiterhin zur Arbeit ginge. Er nimmt Antidepressiva, streitet mit seiner Frau, sieht seine Kinder öfter weinen und ist mutlos eine neue Stelle zu finden. Er selbst beschreibt seine Situation als hoffnungslos, isoliert sich von Freunden und kämpft mit häufig wiederkehrenden Infektionen. In unseren Gesprächen fällt es schwer Ermutigungen wirksam zu platzieren und logische Argumente werden spontan von ihm als wenig hilfreich abgelehnt. Ein typischer Verlauf, den wir meist als „sich im Kreis drehen“ beschreiben. Auch mit Tabletten gehe es ihm nicht besser, erklärt der Klient glaubhaft. Sich auf die Lösung, anstatt auf das Problem, zu konzentrieren, scheint ihm unmöglich. Als die Schlafstörungen thematisiert werden, höre ich von seinem mehrfach wiederkehrenden Traum. Sofort erinnere ich mich an einen Grundsatz der Gestalttherapie nach Fritz Pearls: „Träume haben Vorrang!“

Ich bereite mich auf eine Sammlung meiner Fragestellungen vor und ermutige den Klienten dazu spontan ein Bild zum „Ist-Zustand“ seines Traumes zu malen. Das Bild hängt dann an der Wand und der Klient kann aus der Distanz heraus seine Situation ein erstes Mal betrachten, ohne dabei bewertet zu werden; zudem aus einer erstmals neuen Blickrichtung.

Ziel meiner Fragestellungen

Durch die Resonanz auf das Bild sollen die noch schlummernden Resilienzen bewusst gemacht und belebt werden. Die Bilder sollen in intuitiver, rationaler und mythischer Bedeutung sowie Aussagekraft nutzbar gemacht werden. Die Beteiligung aller Zellen ist dabei das Ziel. „Fire together – wire together", schreibt Giorgio Nardone dazu, ein Spezialist für Kurzzeittherapie. Ein Evidenzgefühl soll sich einstellen, um die innere Gewissheit zu verankern. Die Fragen sind stets offen und enthalten keinerlei einschränkende Behauptungen. Sie richten sich an sinnorientierte Wahrnehmungen und naturbezogene Aspekte, ohne jegliche Wertungen vorzunehmen. Die erste Frage, die sich erneut als Schlüssel herausstellte, hat sich im Beratungsalltag bewährt.

Beispieldialog zum Fallbeispiel:

Welchen Namen werden sie dem Bild geben?

„SCHOCK!"

Die Atmung des Klienten beschleunigt sich dabei und die Hände werden fahrig. Schluckreflex und steile Augenbrauen sind zu beobachten (affektmotorische Schemata nach Dawning und somatische Marker (nach Damiano) sind Anzeichen für die erlebte Situation, die von der richtigen Fragestellung getriggert wurden.)

Was ist ihnen passiert?
„Ich habe aus der Zeitung erfahren, dass die Firma Konkurs ist und ich gekündigt bin."
Was bedeutet die Wolke über dem Regentümpel in dem Sie stecken?
„Ein plötzlicher Wolkenbruch, meist ziehen sie nach Gewittern davon."
Um welche Figuren handelt es sich unter dem Regenbogen?
„Das sind meine Frau und ich, als wir früher oft am Regenbogen gesessen haben."
Wie haben Sie das so lange ausgehalten, sich über Wasser zu halten und so zu tun als ob sie Arbeit hätten?
„Ich fühle mich als Versager und es ist mir alles peinlich. Andererseits habe ich immer eine gewisse Energie gehabt in meinem Leben."
Was ist dabei das Schwerste gewesen?
„Gefühle der Nutzlosigkeit und ein zerstörtes Selbstwertgefühl und die Scham vor meiner Frau. Auch die Ohnmacht gegenüber den Firmenbossen, denen ich fast 30 Jahre meines Lebens gewidmet habe."
Was wird sich in ihrem Leben ändern, wenn das Problem gelöst sein wird?
„Vielleicht wird meine Ehe besser, ich lerne neue Menschen kennen, auch ein anderes Unternehmen."
Wie wird sich das gefühlsmäßig auswirken und woran genau können sie es feststellen?
„Ich werde wieder lachen können und habe mehr Geduld für meine Kinder."
Was bedeutet das Bild ihres Traumes für Ihre Lebenssituation?

„Ich müsste mein Verhalten ändern. Die kleinere Figur bin ich. Ich verhalte mich wie ein ängstliches Kind meiner Frau gegenüber. Deshalb ist sie auch größer dargestellt. Ich muss mich auf den Weg machen aus eigener Kraft.“

Assoziation (Ideensammlung) und Amplifikation (Traumerweiterung) ermöglichen einen weiteren Zugang zum Traum, hier am Beispiel einer Märchenidentifikation und die Anregung als Regisseur und Bodygard, statt als Marionette den Prozess zu beeinflussen. Zum Schluss nehme ich symbolisch eine kleine Figur (Schachfigur, Mensch-ärgere-dich-nicht-Püppchen oder ähnlich.) Ich bitte den Klienten die Figur an den Platz im Bildprozess zu stellen, an dem der Träumer sich in den nächsten Tagen befinden wird. ***Die Figur wird unter dem Regenbogen aufgestellt, nicht mehr im Wasserloch!***

Welche Märchenszene fällt ihnen ein, die aussagekräftig für Ihr Verhalten sein könnte?

„Ich denke an den Froschkönig, dessen Helfer auch seine Gefühle nicht akzeptieren wollte.
Am Ende ist es ihm aber doch noch gelungen.“
Wie sieht die Bildlandschaft, von oben aus der Entfernung gesehen, für Sie aus, wenn Sie als Regisseur darauf schauen?
„Irgendwie wie ein normaler abwechslungsreicher Prozess, bei dem schlechte Wetterlagen sich irgendwie verziehen. Der Regenbogen macht mir Mut. Et kütt, wie et kütt, sagen die Kölner.“ (lacht)

Nach etwa 1 ½ Stunden Gesprächsdauer gebe ich dem Klienten noch zwei Zitate mit auf den Weg: „Man kann Konflikte nicht mit den gleichen Methoden lösen, durch sie sie entstanden sind.“ (Steve de Shazar) „Wiederkehrende Träume habe eine existentielle Bedeutung.“ (C.G. Jung) „Träume sind wie die Arche Noah. Es sind immer alle Lebewesen an Bord, aber nicht immer alle an Deck.“ (Dr. Helmut Hark, Theologe, Psychotherapeut, Buchautor). Nach drei Tagen berichtet der Klient telefonisch von einem offenen und konstruktiven Gespräch mit seiner Frau. Sie hat ihm von ihren Zweifeln und der bereits aufkommenden Möglichkeit einer Trennung berichtet. Er sei jetzt entlastet und schöpfe neuen Mut. Jedenfalls sei er nicht wirklich krank und lebe eigentlich im lebendigen Alltagsprozess und trüge selbst keine Schuld an der Situation. Die Medikamente will er weglassen. Er schreibt jetzt ein Traumtagebuch.

O

Der moderne Mensch in 2020 ff. braucht Beratung - aber wie?

Natürlich beginnt es in der Kindheit, wenn ein Zappelphillipp zum kranken ADHS Kind umgeformt wird. Überhaupt finden sich Krankheiten in der Schule. (in 2018 sind 25 % der Kinder in RLP depressiv und angstgestört.) Da wo „Hubschraubereltern" die Kinder bei drei Tropfen Regen mit Ihrem Aluminium SUV vor die Schultür fahren, beginnt die Verschiebung, indem Kinder Eltern manipulieren. Wehe, wenn die beworbene Kleidung

nicht angeschafft werden kann. Wir kennen heute Schallschutzkopfhörer und beschwerende Sandkissen, um Schüler in der Klasse sitzend zu halten und Unterrichten überhaupt erst möglich macht, wegen der akustisch überhöhten Phonzahl. Durch Digitalisierung sind Kinder und Eltern aus dem Kontakt und schaden der gesunden und psychisch emotionalen Entwicklung, *(M. Winterhoff, Kinderpsychiater)* die eigentlich, wenn ungestört und im Zeitprozess, zur psychischen Reife führen könnte. - *Jesper Juul* empfiehlt Eltern Gelassenheit.

Eine realistische statt egozentrische Handlung im Alltag, sollte zum Erkennen von Notwendigkeiten, Pünktlichkeit, Selbstverantwortung, Formen- und Sinnerfassung führen. Nicht wegen sofortiger Erfüllung von Bedürfnissen und schneller Performance, um die Beachtung von außerhalb zu erlangen. Es fehlt heute die Vision, wie man glücklich leben kann in Freude und Gemeinsamkeit. Kinder brauchen vor allem Bindung *(Oxytocin)* und Lehrer, die anleiten, statt Lehrer als Begleiter einer zum Chaos umstrukturierten Selbstlernthese, bei der die Kinder allein bleiben. Persönliche Anleitung über längere Zeiträume kann durch Videospots nicht ersetzt werden.

Die Bedeutung von Innen und Außen, der Reizüberflutung als Schaden der psychischen Reife und die Tendenz das Umfeld zu bluffen, mehr zu scheinen als zu sein, lässt Grundsätze gesunden, psychisch, sozialen Wachstums in den Hintergrund geraten. Von Geburt an haben wir das Temperament erhalten; den Charakter müssen wir eigenverantwortlich entwickeln. Stärke, Tugend, Klugheit, Gerechtigkeit, das rechte Maß und die Tapferkeit führen im Laufe der Zeit zur Charakterbildung. Etwa der Fähigkeit zwischen Sache und Ichhaftigkeit zu unterscheiden, die nur durch und mit Nachahmen und Mitmachen und nicht durch Videospots erreichbar wird. Der Mensch lebt zwischen Gemeinschaft und Geltungsbedürfnis. *(A. Adler)* Also wird das Ich geschult in der Begegnung mit dem Du des anderen *(M. Buber),* nicht mit dem Handy. Aus der Reife, lange eingeübt, kann Selbsterkenntnis und Selbsttranszendenz erwachsen und die Fähigkeit eigene Fehler zu erkennen. Die Genetik ist nicht mehr die Begründung für Hirnaktivität, sondern unser Gehirn entwickelt sich ständig und autonom in neuronalen Netzwerken weiter.

Es bedeutet, dass wir nicht Einzelwesen sind, sondern in sozialen Gruppen organisiert sind. Dazu sind Ruhepausen notwendig, die das Gehirn selbständig organisiert, um Energie zu sparen und Ordnung zu generieren. Gesellschaftlich haben sich, bei gestörter Ordnung, verschiedene Phasen an kollektiven modernen Erkrankungsphasen gezeigt. Essstörung > Posttraumatische Belastungsstörung > ADHS Borderline > Burn Out, die in Schüben durch Gesellschaftsprägungen auftauchen. Allen gemeinsam ist eine Grenzüberschreitung. Wichtig dabei ist, dass es meist um die gedachte Kausalität geht, mit der wir einem Ereignis eine krankmachende Wirkung zuschreiben. Erst dadurch wird es ein Befund in psychotherapeutischer medizinischer Sicht. *(Burn Out)* Es geht um Lernen, eine ans Leben gebundene Form der Existenz durch angeborene Freude. Deshalb ist die Digitalisierung eine hierarchische Form die natürliche Lernfreude zu unterdrücken, weil Menschen zum Objekt gemacht werden. Maschinen bestimmen dann die Erlebniswelten ohne eigentliche naturgegebene Berührung und der Bedeutung in einer Begegnung.

Wir empfinden und diagnostizieren das „Leid" in Psychotherapiepraxen in folgender Form.

- **Endogen = man versteht es einfach nicht / Unordnung im Hirnstoffwechsel**
- **Reaktiv = Irgendwie ein Trauma / Unordnung in Beziehung**
- **Neurotisch = darin gefangen sein / Innere Unordnung (Herz)**
  Unsere Digitalisierung erscheint zurzeit auf zweierlei Weise vorhanden zu sein.
- **In einer bestehenden Ordnung kann sie als Kompetenz erlebbar werden**
- **In bestehender Unordnung wird sie nur als bloßer Aktionismus wahrnehmbar**

Hauptaufgabe in Therapie, Beratung und Coaching ist in Kontakt zu gelangen und in Beziehung zu leben. Begegnung zu fördern, zu ermutigen, zu erlauben, zu fördern und konsequent zu fordern. Vor allem Sinn zu stiften und Selbstachtung anzuregen, auch Selbstwertgefühl und Frustrationstoleranz im realistischen Alltag. In der Kindheit werden Speicherungen zur Resilienz (Steh auf Mentalität) angelegt und durch Sinnhaftigkeit und Vorbild gefestigt. Internet, Handy- und Fernsehkonsum schaden der Gehirnentwicklung. (Siehe folgende Grafik nächste Seite)

Die aktuelle Vermüllung mit elektronischen Medien beeinflusst unsere Hirnaktivitäten. Die Grafik zeigt Untersuchungen vom Kinderarztkongress Köln in Sachen Verlust von Informationen bei Fernsehkonsum. Hinzu kommen Handy und Konsum per Tablet in erheblicher suchtfördernder Belastung. Zukünftig wird es für alles App `s geben, so dass man per Beratungs- App in der Illusion gehalten wird, durch den Sog zum Klicken in Beziehung zu stehen. Die Hochtaktung in der Arztpraxis mit 70 Patienten pro Tag, bestätigt Dr. med. Lukka Larsson` s Untersuchung, dass 90% der Ärzte ihre Patienten bereits nach 14 Sekunden Gesprächsdauer unterbrechen. - Ein Geschehen wie in Trance.

Elektronische Vermüllung der Lebenswelt contra Sesamstrasse

So kann Negativtrance wirken

- **In einer Berufsschule fotografieren die Schüler den Tafelanschrieb, weil sie geistig und wegen Konzentrationsmangel nicht folgen können**
- **Bei der Arbeitsagentur erhält ein Umschüler (bereits Abitur und Berufsabschluss)**
  von angeschriebenen 120 Unternehmen nur zwei Antworten.
- **Ein Drittel der ausgebildeten Bachelors schafft die Probezeit in Unternehmen nicht mehr.**
- **Abiturienten müssen ein Jahr Vorbereitung absolvieren, um studientauglich zu werden.**
- **Eine Vielzahl Auszubildender hat bereits zwei oder mehr Ausbildungen abgebrochen.**
- **Die Verschreibung von Ritalin** *(Persönlichkeit verändernde Droge)* **ist innerhalb von zehn Jahren um 1000 Prozent gestiegen.**
- **Drogen gehören zur Schule und Aufputschpillen zur Abiturvorbereitung.**

- **In Bayern erforscht Wacker Chemie mit dem Bildungsministerium, das von 1000 Schülern nur 90 die Universität verlassen. Alle anderen haben aufgegeben, sind umgeschult, haben abgebrochen oder haben das Berufsziel gewechselt.**
- **Sechs Millionen Bürger in Deutschland können nicht lesen und schreiben.**
- **Es gibt Schulen mit mehr als dreißig Nationalitäten.**
- **Schulkinder malen Kühe in „Milkalila“, weil sie keine anderen Kühe kennen.**
- **Die meisten Kinder haben noch nie ein Huhn angefasst.**
- **Ein großer Teil Schüler kann zwar lesen, aber den Sinn nicht mehr erfassen.**

Kinderärzte warnten schon seit ca. 20 Jahren vor dem Dauerparken vor Fernseher, *(Verlust von Ganzheitlichkeit, Lernbahnen im Gehirn, Wahrnehmungsstörungen für Details),* ***Playstation, Handy, Tablet, Lap Top und Computer. Verhaltensauffälligkeiten und Entwicklungsdefizite können in Kindergärten und Schulen nicht aufgefangen werden. Beziehungsqualität, Bindung und Ermutigung sind nicht möglich.***

- **Kinder erkennen nicht mehr die Autoritäten in ihren Rollen an, obwohl sie wissen wer Lehrer, Erzieher, Ärzte und Eltern sind.**
- **Für ein Kriegsspiel mit konkretem Abschusstraining wird ein Preis der Europäischen Union für pädagogisch wertvolle Animation verliehen.**
- **Inklusion an Schulen, ohne entsprechendes Personal, überfordert Pädagogen und behindert Schüler in ihren Entwicklungsschritten.**

So lesen sich die Folgen einer verführten Kindheit und Jugend mit Internetnutzung und Freispiel im Kindergarten mit manchmal zwanzig Nationalitäten in verschiedenen Räumen und mit unterschiedlich schnell wechselndem Betreuungspersonal. Bei gleichzeitiger Betreuungsaufgabe von Wickelkindern, löst dies diffuse Ängste aus. Leistungsversagen, Selbstwertstörung beim Personal und häufige Krankheitstage sind normal geworden. In Schulen angeordnete und geforderte Medien- und Digitalkompetenz verleitet zum gedankenlosen Gebrauch von Technik und fördert die Illusion, das Lernen per Knopfdruck möglich wird. Märchen als frühe Identifikation z. B. für Lebensrollen, für gut und böse, Verantwortung und Zuwendung, Einfühlung und Gerechtigkeitsempfinden, Täuschung und Tapferkeit sind verpönt. Ballerspiele und Spielkonsolen sind dagegen zum Hipe geworden. Die EU zahlt Förderungen aus (50000 Euro) für pädagogische sin volle Animation eines Computer Kriegsspiels.

Wir brauchen eine zugewandte, aufrichtige und zugleich konfrontierende Gesprächskultur. Es gilt eine Unterschiedsbildung in der Wahrnehmung zwischen der „Sache“ und „Ich Haftigkeit“ *(realistische Selbsterkenntnis)* Heißt: Die Verwirrung und Vermischung von Tatsache und Eigenphantasie zu erkennen. Bei zu häufigen und zu frühen Nutzungen von schnell wechselnder Computer- und Handynutzung bleiben Fähigkeiten zur Differenzierung und Lernbreitschaft verschüttet. Gehirnbahnen werden nicht mehr gebildet. *Prof. Hüter* spricht bereits von virtueller Demenz.

Es liegt in der Natur der Sache, das weder vorherzusehen ist, warum und mit welchem Lebenshintergrund ein Klient zur Beratung kommt, noch ist zu kalkulieren ob im Prozess des Gespräches eine Situation eintritt, die eine Therapie erfordert, oder gar eine Krisenintervention. Deshalb ist ein schriftlicher Beratungsvertrag sinnvoll, der bestimmte Situationen beachtet, etwa vorhandener Tablettenkonsum, bestehende psychotherapeutische Behandlung oder Diagnosen und oder auf die Grenzen der Beratung (ist keine Heilkunde) hinweist. - Die ausschließliche Anregung von Selbstheilungskräften (geistige Anregung) ist erlaubt, ohne die Zulassung als Heilpraktiker. (Bundesgerichtsurteil)

In diesem Sinne gilt heute, im Sinne der Gestalt der Ganzheit, naturbewusste Gespräche zu führen. Eltern dieser Erziehungs- und Umweltprägung kommen wegen Überforderung und Sinnfragen, ihrer Kinder und bei sich selbst, in die Beratung. Sie brauchen Ermutigung und Erlaubnis auf ihre Intuition und persönliche Belastbarkeit zu achten. Eine erste Unterschiedsbildung in Ansicht und Begründung kann schon als Erfolg angesehen werden. Dazu ist ratsam, in bildhafter Form Erkenntnisse als „visuelles Protokoll" zu fertigen. Ggf. auch als Hausaufgabe.

Wachmalkreide, Wasserfarbe, Plakatfarbe, Aquarell, Öl, Kartoffeldruck u. a. - Empfohlene Größe DIN A 3.

Vorbildlich in Sachen Unterschiedsbildung ist das Verbot zum Handygebrauch an Waldorfschulen erst ab dem vierzehnten Lebensjahr. Weil zu frühe häufige Handynutzung Suchtverhalten begünstigt. Die Kinder starren ins Handy, wegen eines Defizits an Aufmerksamkeit, dass sie durch ihre Bezugspersonen erleben. Auch Jugendliche sind kaum noch ohne Handy bei gemeinsamen Aktionen zu erleben. Statt sich in persönlicher Beziehung auszutauschen, zeigen sie sich ihre Displays und zappen zwischen Hundertausenden App ` s hin und her.

Fazit:
Es geht darum, Beteiligte zu Betroffenen zu machen und Betroffene zu Beteiligten.

Beispiel:
Wenn ein Lehrer einem Schüler in dessen Muttersprache Deutsch auf dem für Bewerbung relevanten Zeugnis eine Fünf gibt, ist er an den Auswirkungen beteiligt, aber nicht davon betroffen.

Literaturanregung:
Jean Piagetes, Alfred Adler, Fritz Perls, Prof. Luise Reddemann, Ruth Cohn, Carl Rogers, Albert Schweitzer, Rudolf Steiner, Prof. Carl Spitzer, Prof. Gerald Hüther, Jesper Juul, Virginia Satir, Prof. Gisela Schmeer, Dr. Klaus Lumma, C. G. Jung.

Grundsätzliches zum Thema Träumen + Träumende

Wie ist nun unsere Menschheitsgeschichte? Wer sind wir eigentlich?

Warum stehen Religion, Medizin, Physik, Wissenschaft, Psychologie und Technik in Rivalität, statt Kooperation? Jemand der träumt, ist ein Spinner, heißt es und gleichzeitig fordert der Dalai Lama die Notwendigkeit von Ethik? Vor 2300 Jahren stellte Hippokrates bereits fest, das Geisteszustände Ausdruck somatogener Störungen sind. C. G. Jung entdeckte das kollektive Unbewusste und Alfred Mindell erkannte die Funktion eines Traumkörpergeschehens in uns.

Es gibt in allen Zellen den unsichtbaren Traum nach Veränderung, ist Milton Erickson `s Überzeugung, weil die Schlüssel in Mythen, Märchen, Geschichten und Fabeln verborgen sind. In Bert Hellinger ´s Aufstellungsarbeit zeigt sich, dass kollektive Wahrnehmungen von unbeteiligten Personen präzise Geschehen stellvertretend wahrnehmen können. - Immunkompetenz ermöglicht das autonome Geschehen innerhalb der Körperzellen (Adoptose) die autonome Abwehrreaktion bei Fremdeinwirkung und es gibt die Regulation unserer Psyche durch den Traum, so Prof. Dr. Adam. Wir versuchen die Wirkweise des Erbgutes zu verstehen. Es teilt, wandelt, erneuert fortlaufend durch Information unser unsichtbares Lebensgeschehen. Die Begriffe Erbgut, Gene, Genetik, DNA sind nur Versuche des Verstehens. Die *„Gene genen"*, anders, nicht flüssig wie Blut. - Eine geistige Dimension! *(Prof. Dr. Fischer)*

Wir müssen lernen, dass Symptome nicht Störung, sondern Aufforderung zur Veränderung sind. Das Immunsystem kann autonom fremde Eindringlinge erkennen und bekämpfen, ohne das ein Bewusstsein dazu notwendig wäre. Traumkörperfunktion ist in uns angelegter Wegweiser zur Lebensbewältigung. Ein hormonell, genetisch, mythisch, mystisch, intuitiv, emotional, immunologisch, sich ständig autonom wandelndes System. In Träumen werden Tageserlebnisse verarbeitet und neues Lernen geschieht. Träume sind Arbeitsgeräusche des Gehirns und nur sie Nutzen bis dahin unbekannte noch nicht beschrittene Lernwege. Unser Immunsystem präsentiert einen Wahrnehmungs- und Erkenntnisvorgang, während Sinnes eindrücke durch Erwartung, Wünsche und Emotionen verzerrt werden können. Pro Sekunde brechen 11 Millionen Eindrücke (Bits) auf unsere Rezeptoren ein. Das Bewusstsein kann jedoch nur 40 Bit / pro Sekverarbeiten. Unser Bewusstsein besteht also mehr aus ausgesonderter Info, statt aus tatsächlich Wahrnehmbaren. 100 Milliarden Nervenzellen sind vernetzt damit beschäftigt zu vergleichen, auszusortieren zu speichern und zu organisieren. Jede Zelle zeitgleich mit 20 000 anderen. Das ist die Realität unseres Traumkörpergeschehens. Wir müssen lernen von der Natur, unseren Zellen, zu lernen und das Symptom als Heilungsimpuls zu verstehen. Alles was geschieht, wird multi -codiert gespeichert. Kinästhetisch, emotional, auditiv, visuell, olfaktorisch. *(Hüter / Damiano / Nadone)*

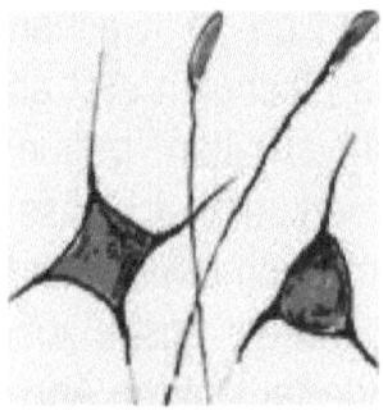

Spiegelneuronen

Schließlich beobachten und erforschen wir, Schlaf- Wach und Bewusstseinszustände, die sich träumend als Organisator eines neuro- biochemischen Prozesses darstellen. Bewusstseinsmolekül Serotonin, für Wachzustände zuständig, wandelt sich in Melatonin als Schlafauslöser. Melatonin wandelt sich dann zu Dimethyltryptamin (DMT) in der

Tiefschlafphase zu einer drogenähnlichen hochwirksamen Substanz der Erleuchtung. *(D. Broers Biophysiker)* Beim Träumen sind die gleichen Hirnareale angeregt, wie beim Sport oder bei der Vorstellung von Bewegung im Wachzustand. Spiegelneurone ermöglichen unmittelbare, emphatische Resonanz auf die Gefühlswelt eines Gegenübers. Alles in allem stille, unbewusste, komplexe und zusammenhängende Abläufe unseres „Ganzheitlichen" Seins. Wir sind Körper, Geist und Seele

- **Träume sind der Königsweg zum Unbewussten.**
- **Träume sind heilende Botschaften.**
- **Träume sind der Quell tiefster Weisheit.**
- **Träume sind die Sprache der Natur.**
- **Träume sind Begleiter in der Trauer**

Bilder sind multi – codiert gespeichert und gehen nicht verloren. Wir haben genügend positive Bilder in uns gespeichert. (Prof. Hüter) Ein Bild sagt mehr als tausend Worte. (Lao Tse) Wir müssen innere Bilder berühren, um sie zu nutzen. (Prof. Reddemann) Häufig genug wiederholte Bilder prägen Persönlichkeiten und ganze Völker. (Prof. Macho, Kulturforscher) UNI Berlin)

Um Wachstumsprozesse zu verstehen, und die gegenseitige Wechselwirkung von Körper, Traum und die Bewegung von Traumkörperzellen zu verstehen, müssen wir den Standpunkt des wertfreien objektiven Beobachters erst noch erlernen. Dann erst lernen wir von der Natur; müssen verstehen, dass die Verstärkung eines Symptoms Teil des Heilungsweges und sogar dessen Beginn sein kann. *(Brinkmann, Messmann, Psycho – Neuro - Immunologie)*

Resilienzkräfte
im Traumbild.
Wolken, Eselskraft,
Löwenidentität,
Weiblichkeit,
Kosmos
Erregung im ganzen
Kopf Scham
Lust Kontrolle

Bilder des Traums sind naturidentischer Quell für Coaching!

Künstliche Intelligenz, Digitalisierung, Robotik, Industrie 2.0, Industrie 4.0. Coaching 4.0. neuerdings auch Coaching per Skype, Emailberatung, Beratung im Chatforum, Internettelefonie, Onlineberatung per Video, Telefoncoaching. Umwege, statt natürlicher Begegnung zweier Menschen, die in Resonanz der Spiegelneuronen miteinander und aneinander wachsen und lernen. Anders als bei digitalisierter Telemedizin, die kostenreduziert organisiert ist und den Klienten und Patienten allein lässt. Dabei klingt es vielversprechend: Zeitersparnis, keine Parkplatzsuche, keine Wartezeit, Bequemlichkeit. Aber was ist mit kompetenter, emphatischer, individueller Beratung und dem fähigkeitsorientiertem Coaching? Seinerzeit galten Träume als selbstverständlicher Quell zur persönlichen Entwicklung, so in Persien, China, Ägypten, bei Senoi Indianern oder in der Bibel. Ein Beratender musste Empathie, Geduld, Wertfreiheit, Spürbewusstsein und die Fähigkeit peripher und fokussiert zu fragen mitbringen.

Auch die Entschlüsselung der Traumsymbole in ihrer Botschaft verstehen. Traumbilder gelangen bis auf die Netzhaut und können psychische Energie bereitstellen. *(schweiß nass aufwachen)* Träume regulieren autonom unsere Psyche. *(Prof. Dr. Kl. Uwe Adam)* Alles Denken geschieht in Bildern, jede Minute, stündlich 600, täglich 9000, wöchentlich, monatlich, jährlich. *(KV Hanse Merkur)*

Der Schlüssel liegt in der Sinnlichkeit die Resonanz achtsam aufzunehmen. Coaching bedeutet mythisch, mystisch, intuitiv, rational, emotional mit allen Sinnen die Botschaft zu erfassen. Dabei Interpretation zu vermeiden und durch Fragen anzuregen. Dazu bedarf es keiner Technik oder fremder Interpretation. Am effektivsten ist es, die Träume zu malen, um eine visuelle Dokumentation zu ermöglichen. Zwiegespräch, Inszenierung, Skulptur, Identifikation, Märchen sind auch möglich. Schließlich müssen die neuro - biologisch - chemischen Vorgänge des Gehirns nach außen hin zugänglich gemacht und Wach- Schlaf- Bewusstseins- Hyperbewusstseins- und Trancezustand verdeutlicht werden.
Die Wechselwirkung der Botenstoffe ermöglicht in autonomer Weise Einschlafen, Tiefschlaf, Erwachen und Träumen. Der Traum ist dabei das Arbeitsgeräusch des Gehirns, könnte man scherzen. - Und schließlich haben die Altvorderen der Beratung, Therapie und Coaching Spezialisten den Träumen eine große Bedeutung eingeräumt und Träume als Wegweiser in Prozessen erkannt.
(S. Freud, C.G. Jung, F. Pearls, A. Mindell, Paracelsus, Hahnemann, Chicietti, Dr. Helmut Hark, A. Adler, u. v. a.)

Die Träume in Beratung und Praxis!

Was Träume sagen, wenn wir sie fragen, so könnte ein Satz von Samuel Hahnemann lauten, der die Träume von Patienten ins Behandlungskonzept einbezogen hat. Träume haben Vorrang, so war die Grundeinstellung des Entdeckers der Gestalt Therapie Fritz Perls. In Altertum, Bibel, Schlafforschung oder in moderner psychosomatischer Klinik, überall in unserer Menschheitsgeschichte hat es Träume gegeben. Im Sprachgebrauch hören wir von Traumberufen, Traumurlaub, Traumfrauen, Traumautos, Traumschiffen und Traumhäusern oder Traumstränden, an denen die Traumhochzeit gefeiert wurde. Zurzeit träumt die Welt kollektiv von Barack Obama, dem Retter aus der Krise.

Ob Männer- Frauen- oder Lebensträume, Träume sind existentielle Botschaften. Nur die Entschlüsselung fällt allzu häufig schwer und ist ohne fachmännische Unterstützung kaum zu lösen. Träume passen naturgemäß immer zu der träumenden Person und nur durch genaue Befragung kann man den verschlüsselten Inhalten, Symbolen und Zeichen der Träume näher kommen. Wenn die Botschaften verstanden werden, sind Konflikte entschärft und neues Verhalten wird ermöglicht. Man kann wieder schlafen und Ängste verschwinden.

Symbole sind ihrem Ursprung nach immer multikomplex, kollektiv und zugleich auch gegenpolig. Sie erklären sich aus sich selbst. Die Schlange kann Furcht auslösen oder Hoffnung auf Heilung assoziieren, wie beim uns bekannten Äskulapstab der Mediziner.

Besonders im Patientengespräch können Träume unbewusst hilfreiche Informationen geben, die einem verstandesmäßigen Verstehen sonst verschlossen bleiben. Dabei gilt es eine besondere Technik im Gespräch anzuwenden, denn eine einfache plumpe Bewertung von Symbolen oder Botschaften zerstören die eigentliche Wirkung ihrer Bedeutung.

- **Der Traum ist der Hüter des Schlafes, sagte Sigmund Freud.**
- **Im Traum ist man Schauspieler, Regisseur, Kritiker und Zuschauer in einer Person, so C. G. Jung.**
- **Dr. Helmut Hark spricht jedem Traum eine heilende Botschaft zu.**
- **Der Traum ist ein autoregulativer Integrationsprozess des psychischen Unbewussten und dient damit dem Individuationsgeschehen.**

(Dr. med. Klaus- Uwe Adam)

Ein Fragespiegel mit mehr als 120 Fragen zur Analyse und Beratung von Traumbotschaften gehört zum Handwerkszeug in der Praxis. Mit dem Bildunterstützen Coaching werden gemalte Patientenbilder aus Träumen als Kompass zu Problem, Krise und Heilung genutzt.

Bilder sind „multi – codiert“ in Verbindung mit all unseren Zellen abgespeichert. Sie wirken gleichzeitig rational, mythisch, mystisch, instinktiv und integrierend in ihrer Bedeutung. Durch Sorgfalt und Gewissenhaftigkeit bei der wertfreien Bildbetrachtung, (wirkt wie leichte Trance) können somatische Marker und affektmotorische Schemata innerhalb von Millisekunden Muster erkennbar machen.

Die Traumdramaturgie

- Ausgangslage
- Verwicklung
- Zuspitzung
- Spannung
- Lösung

Das Besondere an der Traumfortbildung: Die Teilnehmer können per Mail und Phone Bilder diskutieren, bevor der nächste Patientenkontakt erfolgt. Vielleicht entsteht ein Arbeitskreis zur einer interdisziplinären und kollegialen Fallberatung aus den Gruppen, die zurzeit noch in diesem Jahr in Regensburg, Mannheim, Karlsruhe, Mainz und Koblenz in Kooperation mit der Paracelsusschule durchgeführt werden. Natürlich können interessierte Teilnehmer Träume mitbringen, auch wenn sie noch so klein und unbedeutend erscheinen.

Aus der Forschung:

Der Chemiker Kekule hatte nach hunderten von vergeblichen Versuchen, die chemische Formel von Benzol zu finden, einen Traum von einer Schlange, die sich in den eigenen Schwanz biss. So fand er heraus, dass die Moleküle sich im Kreis ordneten.

Aus der Bibel:

Die Frau des Pilatus, träumte (leider vergeblich) Jesus sei unschuldig. Die Reise nach Ägypten wurde im Traum vorhergesagt.

Aus dem Praxisalltag:

Eine Heilpraktikerin träumte, nachdem der Patient ihr seinen Traum einer verstopften Gießkanne auf deren Ausguss sich Fliegen gesammelt hatten, während der telefonischen Terminvereinbarung berichtet hatte, in der Nacht danach von einer Pflanze, die man Cantharis nennt. Im Anamnesegespräch erfuhr sie dann von einer schon länger andauernden Prostatabehandlung. Sie behandelte sie den Patienten mit der „Spanischen Fliege“ (Cantharis) und die Beschwerden gingen zurück.

Vom Stress am Arbeitsplatz:

Eine junge Frau berichtet darüber, dass sie ängstlich sei abends zu Bett zu gehen. Sie hatte Angst vor dem wiederkehrenden Traum mit dem Wölfen und konnte nicht mehr durchschlafen. Immer waren im Büro Wölfe im Kampf verbissen. Sie rettete sich im Traum auf eine Leiter, um nicht gefressen zu werden.

Schnell verstanden die anderen Teilnehmer der Traumsprechstunde wie klug Wölfe sind. Sie jagen gemeinsam, haben eine klare Hierarchie untereinander, kümmern sich verlässlich um ihre Jungen und wehren Feinde gemeinsam ab. Das Recht des Stärkeren ist die geltende Norm. Es gibt im Lebensumfeld der Träumerin keine objektiven Zusammenhänge mit Vierbeinern. Bei näherem Nachfragen zur Person wurde klar, dass die Träumerin sehr ehrgeizig ist und vorwärts kommen möchte. Am Arbeitsplatz sind viele neue Mitarbeiter, die „umher beißen“ und um Positionen kämpfen. Das „Traum - Ich“ der Träumerin war so klug auf eine Leiter zu steigen, um sich zu schützen. Das hat sich die Träumerin auch vorgenommen und sie will am Arbeitsplatz besser auf ihre Empfindungen achten und nicht „mit kämpfen". Erleichterung, die Angst vor den Wölfen ist verschwunden und sie kann wieder durchschlafen.

Karrieretraum & Partnertraum mit Warnung
Ein erfolgreicher Dreißigjähriger, der aktuell mit der Promotion beschäftigt ist, erhält ein Angebot zum Professor zu werden. Die Bedingung ist der Umzug in ein europäisches Ausland. Seine etwa gleichaltrige Frau hat ein 1 ½ jähriges Kind in der KITA und ein vier Wochen altes Baby zum Stillen. Der Wunsch nach Globalisierung und deren Chancen trifft diametral entgegengesetzt aufeinander. Der Mann träumt von einem Weltraumflug, bei dem sich Teile der Maschine lösen und die Familie treffen. Er erwacht schweißnass. Seine Frau träumt, dass sie in großen Räumen ihr Kind nicht wieder findet. Tagsüber ist sie unruhig und ratlos, wie sie sich verhalten soll, weil sie nicht von Freunden wegziehen will.
Ist die Botschaft der zeitgleich unabhängig voneinander geträumten Szenarien nun Kollateralschäden in Kauf zu nehmen, oder die Zeit der Nestwärme abzuwarten und später die Karriere zu suchen? Jedenfalls ist das „Denk Ich" intakt und warnt vor einem naiven unachtsamen Vorgehen. Mit dieser Entscheidung ist die junge Familie jetzt allein.

Was im Traum möglich ist, sieht man bei den Ureinwohnern in Australien. Sie brauchen keine Demokratie, denn sie träumen im Kollektiv vom neuen Häuptling.

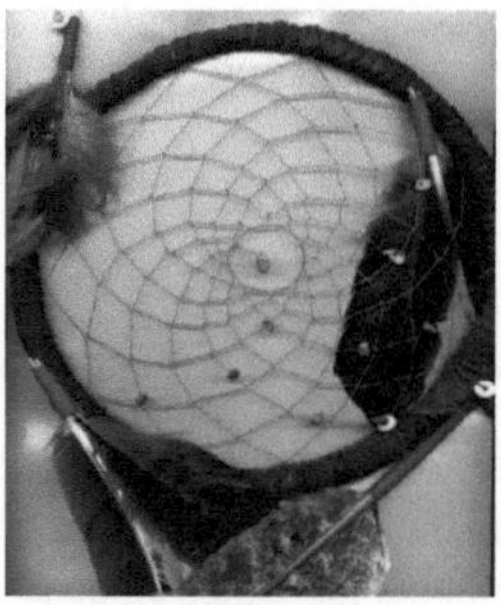

Traumfänger der Indianer

Alle Resilienzen und deren Ressourcen sind in Träumen verborgen.
Die Traumbilder sind die einzigen naturidentischen inneren symbolisch erscheinende Bilder, die in Coaching und Therapie wirksam werden können.

Rhythmisch und effektiv arbeiten

- **Hypnose** zeigt den Weg, das Unbewusste anzuzapfen, um Alltagsstörungen zu entschärfen.
- **Wandern**, Töpfern, Malen, Tanzen sind Methoden, die unsere Intermediärräume (stressfrei) beeinflussen.
- **Achtsamkeit** soll dazu beitragen, innere negative Antriebsmuster zu entschärfen.
- **Psychologie** wird eingesetzt, um Verhaltensmuster, die Stress auslösen, zu verändern.
- **Therapien** sollen neue Verhaltensformen einüben.
- **Schlaflabor, Atemmaske, Infusionen, Tabletten** sollen unterbrochene Rhythmen regulieren.
- **Erholungskuren** oder Psychosomatische Auszeiten sollen Arbeitskraft wiederherstellen.
- **Traumanalyse** soll eine klassische Möglichkeit sein, die eigene Persönlichkeit zu entdecken.
- **Coaching** soll persönliche Fähigkeiten entwickeln, anstatt Schwächen zu verbessern…

Die Aufzählung ließe sich endlos fortsetzen, aber wozu, bei 500 Therapieformen weltweit? Der Einzelne müsste sich willentlich dazu entscheiden, sein Leben eigenverantwortlich zu führen. Auf eigene innere Kräfte vertrauen.

Lebensrhythmus und Leistungskurve:
Betriebliches Gesundheitsmanagement als multikomplexes Instrument

Wie soll man dem Arbeitgeber klar machen, dass Lebensrhythmus und Leistungskurve genau dann günstig sind, wenn die Firma Pause hat und die eigene Müdigkeit genau zur Hauptarbeitszeit auf dem Höhepunkt ist. Das Betriebliche Gesundheitsmanagement ist ein multikomplexes, aktuelles Instrument, das das Bundesministerium empfiehlt und was Unternehmer (die Großen mit Budget) beginnen zu nutzen. Beispiele, die aufhorchen lassen. In Indonesien, Japan, den USA und bei uns wird Power Napping (*die zwanzigminütige Mittagspause*) empfohlen oder angeordnet (*Lufthansa*).
Bei Google in der Schweiz können Mitarbeiter dabei zwischen Couch, Liege oder mit Schaumstoffbällen gefüllter Badewanne wählen. Jedenfalls: überall dort, wo rhythmisiert Pausen eingehalten werden, wird Erkrankung vorgebeugt. Der Begriff BIO-Rhythmus machte jahrelang die Runde. Faktenwissen darüber trägt nicht dazu bei, dass der einzelne sich richtig verhält. Die Argumente sind klar und effektives Arbeiten ist für jedermann erklärtes Ziel ist. Eine Feinheit gilt es jedoch zu beachten: Effektives Arbeiten bedeutet im definierten Zeitfenster, möglichst perfekt fehlerfreie Produkte oder Dienstleistungen mit Niedrigpreisen und hohen Unternehmergewinnen zu fertigen. Das passt zum Globalisierungshipe unserer Gesellschaft und zum gelobten Zeitmanagement mit Tages-,Wochen-, Monats- und Jahresplänen.

Tatsächlich empfehlenswert, weil neben der Effektivität die Effizienz ihren Stellenwert bekommt. Es reicht nicht, beim Herstellen von Produkten effektiv zu sein, wenn die Gesundheit dafür geopfert wird. Das ist nicht effizient im Einsatz der Kräfteeinteilung. Pausen scheinen oberflächlich betrachtet wenig effektiv, weil Effizienz zunächst nicht unterstellt wird, wenn jemand ausgeruht tätig wird.

4 stellvertretende Hinweise:

- 40 Prozent Steigerung der Aufmerksamkeit bei Piloten durch zwanzigminütigen Mittagsschlaf.
- Bei Stilleübungen in der Schule werden Mathematikklausuren deutlich besser abgewickelt.
- In Hypnose bei zahnärztlichen Eingriffen ist der Patient weniger ängstlich und es fließt weniger Blut.
- Frisch Operierte mit Herzrhythmusstörungen können durch Training die Rückfallquote deutlich verringern.

Es gibt Menschen, die einer Unterstützung nicht bedürfen. Hier ist Resilienz, die biografisch erlernte Widerstandskraft gegen Krisen und Belastungen, wirksam. Gerade durch besondere Herausforderungen wurde ausprobiert, wie Pflanzen auf die Veränderung von Rhythmen reagieren. Bei gleichen Licht- und Bewässerungsverhältnissen hat man die Pflanzen Musikrhythmen ausgesetzt: Rock-Musik und Klassik. Die Folge war, dass die Pflanzen unter Rockmusik schneller gewachsen sind. Sie wendeten das Blattwerk vom Lautsprecher weg. Die mit klassischer Musik beschallten Pflanzen rankten ihr Blattwerk um den Lautsprecher. Die Natur ist effektiv und effizient.

Überall findet man Rhythmen:
Mondrhythmus, Tag- und Nacht Rhythmus, Ebbe und Flut, Erdumdrehung, Atemrhythmus, Schrittrhythmus, Menstruationsrhythmus, Organrhythmus, Herzrhythmus, Schlafrhythmus oder der Rhythmus des Lidschlages, der erst auffällt, wenn bei langer Bildschirmarbeit sich selbiger verlangsamt und Augentrockenheit hervorruft.

Rhythmen im medizinischen Kontext

Neuerdings kennen wir aus der Medizin die zirkadane (*rhythmische*) Therapie mit Medikamenten, die nicht mehr obligatorisch drei Mal pro Tag, sondern zeitnah verabreicht werden, wenn sie wirken können. Wir hören von Schlaflabors, die Tausende von Menschen im Schlaf beobachten, um Millionen Schlafgestörte von ihrem Leiden zu befreien. Im Altenheim gibt es Menschen, die trotz mehrfacher Schlafmittel und Psychopharmaka nicht schlafen. Bei vielen Menschen in Zivilisationen scheint der natürliche Rhythmus verloren. Arbeitszeit und Freizeit verschwimmen und Dauererreichbarkeit überfordert auf Dauer.

Was angeboten und versucht wird:

Betriebssport zur Fitness, Krankenkassenzuschuss und oder Firmenbeteiligung
Autogenes Training soll Entspannung hervorrufen und Blutdruck senken.
Progressive Muskelrelaxation nach Jacobsen soll rhythmisch die Gefäße beeinflussen.
Feldenkrais soll Muskulatur und Atmung in rhythmisch harmonischem Gleichgewicht halten.
Meditation soll die Sinne beruhigen, um die vegetativen hormonellen Abläufe zu harmonisieren.
Yoga steht bereit, um zu entspannen und ausgeglichen zu werden, den Körper zu entgiften. scheint für belastbare Menschen eine „Steh-auf-Mentalität" zu erwachsen, kein Schonverhalten! (*Müßiggang ist aller Laster Anfang.*) Ein Eigenschaftsverhalten ist der Schlüssel. Etwas, was nur schwer zu trainieren ist, mit Urkunden und Geld nicht zu erreichen.
Achtsamkeit soll stressresistent machen, belastbar und die Fähigkeit zur realistischen Selbsteinschätzung zu kommen und Selbstwirksamkeit stabilisieren. Die eigenen Grenzen rechteitigerkennen und im eigenen Tempo zu handeln.

○

Die Geschichte der Zwillingsbrüder

Immer schon gibt es unter den Menschen Optimisten und Pessimisten. Diese Persönlichkeitsstrukturen existieren sogar bei eineiigen Zwillingspaaren. In unserem Fall soll der eine Pit und der andere Steve heißen. Pit ist immer auch in den schlechtesten Situationen in der Lage, nach vorn zu schauen und irgendetwas Positives zu finden, sei es auch noch so aussichtslos. Anders Steve, immer und täglich ein Klagelied auf den Lippen, wie schlimm und schlecht doch alles sei. Sie sind nun beide 14 Jahre alt, Zeit der Konfirmation und Firmung, also im Übergang zu eine gewissen erwachsenen Anerkennung innerhalb ihrer Lebensgemeinde.

Der Vater macht ihnen ein besonderes Geschenk an diesem Tag: Steve, dem Pessimisten, schenkt er eine Uhr, einen pädagogisch hervorragend ausgestatteten Holzbaukasten, ein Fahrrad. Pit, dem Optimisten lässt er einen Haufen Pferdemist in dessen Zimmer bringen. Dann hört er Steve sagen, die Uhr gefällt mir nicht, wer braucht in meinem Alter denn noch einen Bastelkasten und das Fahrrad hat blöde Reifen und überhaupt, die Bremsen und die Lampen sind auch blöd. Aus Pits Zimmer hört er Geräusche und sieht seinen Sohn schwitzend den Mist aus dem Zimmer schaufeln – Schaufel für Schaufel, ohne Unterlass. Dann fragt er seinen Sohn, warum er sich diese Arbeit denn antue. Darauf der Sohn ohne jeden Zweifel im Brustton der Überzeugung:
„Wo so viel Mist ist, muss ein Pony sein."

Betrieblicher Alltag in Unternehmen wo kollektive Resilienz fehlt

Arbeitnehmerschutz wird zurzeit großgeschrieben. Studien der Hochschule Coburg und der Personalberatung LAB & Company zeigen etwas anderes, so Prof. Eberhard Nöfer (Soziale Arbeit und Gesundheit – Befragung von 381 Managern / Quelle: dapd): 33 Prozent der Chefs schicken erkrankte Mitarbeiter nicht nach Hause – 26 Prozent versuchten, den Erkrankten Heimarbeit zu organisieren – 17 Prozent würden sich von Dauerkranken trennen – 58 Prozent der Manager kommen selbst krank zur Arbeit – 10 Prozent der Manager sehen in Prämiensystemen Anreize, Krankentage zu verringern – 72 Prozent geben die Verbesserung des Arbeitsklimas als erstrebenswert an – 81 Prozent der Manager bevorzugen ein systematisches Gesundheitsmanagement. Prof. U. Herrmann erkannte 2005 bei einer medizinischen Untersuchung an Schulen mit 5.500 Lehrern: 52 Prozent litten an psychischen Erkrankungen, 16 Prozent an Erschöpfungszuständen sowie 10 Prozent an Anpassungs- und Belastungsstörungen (Quelle: SWR II Aula). In einer europäischen Studie haben 18,4 Prozent der Männer und 21,6 Prozent der Frauen, die älter als 45 Jahre sind, bereits Gesundheitsprobleme, die sich als Arbeitserschwernisse auswirken (Studie Ilmarinen / Tempel). Krankenkassen melden zweistellig steigende Zahlen von Fehltagen bei Erschöpfungsdiagnosen, Anpassungsstörungen und Burnout, zurzeit 59.000.000 p. A. – 38 Prozent Pensionierungen sind ebenfalls psychisch bedingt (Quelle AOK). – 220.000 Fachkräfte fehlen zurzeit der Industrie, ca. 45.000 in der Erziehung und 83.000 in der Pflege – Tendenz steigend!

Die Hans Böckler- und die Bertelsmann- Stiftung bestätigen in Modellprojekten die Notwendigkeit neuer Präventionsziele. Führungsschwächen verursachen Absentismus. Gemäß Betriebsarzt Tscharnetzki, Unilever AG Deutschland, beliefen sich die Kosten auf 7 Millionen Euro p. T. durch 21 Fehltage pro Mitarbeiter und Jahr. Bei Stress hilft es, mit dem Frontalhirn bewusst Fragen zu stellen, wie z. B.: „Was ist jetzt wirklich wichtig?“, berichtet Prof. H. P. Unger, Chefarzt (Quelle psy GA BKK Bundesverband, der jährlich ca. 40 Unternehmen auszeichnet, die Gesundheitsförderung vorbildlich betreiben). Partnerschaftliche, gesunde Führung hält gesund und steigert die Rendite (Bertelsmann AG).

Die Zeit der Gesundheitstage in Unternehmen ist vorbei Es reicht nicht mehr einen frischen Apfel zu verteilen und Trimm dich Kurse im Keller abzuhalten. Zu viele psycho - dynamische Krankheitsbilder bis hin zur Depression, tauchen auf und überfordern Führungsverantwortliche. Die Technisierung, hohes Arbeitstempo, Globalisierung, Multikomplexität bei gleichzeitigem Personalmangel, Leiharbeit und Dumpinglöhne erfordern völlig andere Führung. Mitarbeitersehen sich mit Logarithmen konfrontiert, die automatisch Mitarbeiter zur Kündigung ausschreiben. Bewerbungsgespräche mit einem Computer ermöglichen n ach 15 Minuten eine Persönlichkeitsanalyse, ohne mit einem Chef gesprochen zu haben. Ca. 15 % der Unternehmen wenden Betriebliches Gesundheitsmanagement BGM an. Die meisten Unternehmen scheuen die monetären Belastungen und beginnen erst gar nicht. Obwohl bekannt ist, das ein Einsatz von Geldmitteln sich bis zum Achtfachen der Investition rückwirkend für das Unternehmen lohnt. Eine kollektive Resilienz des Betriebes müsste angestrebt werden.

Alles in allem genommen wird deutlich, dass die eigene Resilienz, der richtige Umgang mit hohen Anforderungen, der beste Schutz für Erkrankung oder Burn Out ist. Menschen, die das nicht entwickelt haben, gehören zu denen, die über sich und andere einen Satz geprägt haben, der eine typische Überforderung aufzeigt: **„Only loosers have lunch“**

Alle anderen sind Weicheier!

O

Von Beziehungsqualität, Spürbewusstsein und geistiger Heilung

„Wir haben alles getan, was in unserer Macht steht“, hört man den leitenden Chirurgen nach der komplizierten und stundenlangen Operation mit aller Fachkompetenz sagen. Er fügt hinzu: *„Jetzt müssen wir abwarten, ob der Patient über den „Berg“ kommt.“* Diese Beobachtung macht deutlich wie die Medizin sich um das Kurieren bemüht und dass die Heilung eher ein gesamtheitlich, kosmisch, mythisch, mystisch, magisch, intuitiv und rationsal und kulturell, kollektiver Prozess ist, den wir noch immer nicht verstehen. Wir nennen es Krise, bei deren Höhepunkt Todesgefahr und Heilung nahe bei einander liegen.

In unterschiedlichsten Disziplinen der Universitäten versuchen wir mit modernster Technik in den Fachbereichen der Medizin dem „Menschsein“ nahe zukommen. Interdisziplinäre Begegnungen versuchen Medizin, Naturheilverfahren, Hypnose, Meditation, Akupunktur, TCM und viele andere Verfahren der analytischen Differenzierung zu integrieren. Wir sprechen allein von 500 Psychotherapiemethoden weltweit. Wer will da den Überblick behalten? Die noch neue Psycho - Neuro - Immunologie lässt hoffen, dass wir auch anerkennen, dass ein therapeutisches Gespräch die gleichen Botenstoffe im Gehirn in Bewegung bringt, wie ein chemisches Medikament. Diese können natürlich ein Mittel der Wahl sein, z. B. bei tatsächlichen Stoffwechselschäden im Gehirn.

Wir wissen, dass Angst und Verzweiflung Krankheitsgeschehen negativ beeinflussen können und das Krebspatienten bei psychotherapeutischer Begleitung bis zu fünf Jahren länger leben können. Es ist längst nicht mehr unbekannt, dass allein die Wortwahl Placebo oder Noceboauslöser verursachen kann. Der Placeboeffekt zeigt aber nur die Macht unseres Bewusstseins auf, nicht jedoch das was eigentlich im Verborgenen (geistig) geschieht, ohne Nachweisbarkeit und Kontrollmöglichkeit.

Drei stellvertretende Beispiele für viele Tausende Vorgänge:

- *Die Heilkräuter können sie ruhig nehmen, damit können sie nichts kaputt machen.*
- *Sie dürfen ihr Kind natürlich zum Gymnasium anmelden - aber es hat keinen Zweck.*

- *Ich gebe ihnen hier etwas für sie persönlich mit, das wird ihnen ganz sicher helfen.(Überlieferte Suggestion des Apothekers Cue)*

Was vermuten sie, werden diese Worte bewirken und wie?

Bei Meditation und Imagination ist längst nachgewiesen, dass Visualisierungen ihre Wirkung haben. Die Energie folgt der Aufmerksamkeit ist ein anerkanntes geistiges Prinzip, das uns darauf hinweist, dass die Medizin sich auf Faktoren der Krankheit, Diagnose und Behandlung bezieht. Gesundheit und Krankheit werden grundsätzlich als dichotom, (gegensätzlich) und nicht zusammengehörig definiert und nicht auf die ganzheitlichen gesundheitsfördernden Effekte eingeht, die uns die Salutogenese aufzeigt. Alles wird als pathogen definiert. Anders ausgedrückt, geht es um Risikofaktoren, anstatt um Schutzfaktoren. Aus der Psychotherapie wissen wir, dass allein die Beziehung zwischen Klient und Therapeut eine Heilung bewirken kann, unabhängig von der Methode.

Anregungen zum Umdenken:

- **Die größte Kraft ist die Liebe.** (Paracelsus).
- **Vor allem richte keinen Schaden an.** (Hippokrates an die Ärzte)
- **Ich gebe ihnen den Schüler zurück, ich kann ihm nichts beibringen, er liebt mich nicht.** (Aristoteles)
- **Medizin, Wissenschaft, Religion und Politik müssen Ihre Rivalitäten aufgeben zugunsten einer gesamtheitlichen Verantwortung gegenüber der Welt.** (Zukunftsforscher Ken Wilber).
- *Was also, wenn ein Patient nach der Narkose aufwacht und fließend russisch spricht, ohne Schulbildung oder verlebte Jahre in dem ihm bis dahin fremden Land.*
- *Was, wenn bei der Kontrolluntersuchung Metastasen verschwunden sind, ohne Chemotherapie und Operation?*
- *Was, wo mit Audiogramm eine endgültige Schwerhörigkeit vom HNO Arzt diagnostiziert wurde und plötzlich das Gehör wieder vorhanden ist?*
- *Was, wenn ein zehnjähriger Schüler nach Wechsel der Schule das verschriebene Ritalin nicht mehr benötigt?*
- *Was, wenn eine Patientin nach 20 Jahren Inkontinenz (trotz Operation) während eines Vortrages über geistige Heilung die Funktionalität und ihre Gesundheit (nach ärztlicher Prüfung) wiedererlangt hat?*
- *Was, wie ein Stotterer in der Hypnose flüssig und fehlerfrei sprechen kann?*
- *Was, wieso bei schwerster Operation die Rekonvaleszenzzeit des Patienten sich halbiert, weil Menschen sich betend eingestellt haben. (ohne Wissen der Ärzte und Patienten; lt. internationaler Studie)*

In diesen und ähnlichen Fällen tun wir es ab als unwahrscheinlich, lächerlich, komisch und bagatellisieren. Eigentlich marginalisieren wir diesen Prozess, den man auch Spürbewusstsein nennen könnte, weil wir doch innerlich wahrnehmen, das da was dran sein muss, aber gleichzeitig die Zensur des Verstandes und die Kritik des kollektiven Umfeldes fürchten. Scharlatanerie wird dem Heiler, Heilpraktiker, Arzt oder Schamanen vorgeworfen. Der Verstand scheint nicht zuzulassen, dass ganzheitliche Ereignisse ohne Zensur gleichberechtigt neben der Wissenschaft, oder was wir dafür halten, möglich sein darf.

In entsprechenden Situationen, ob aus der Bibel überliefert, aus dem religiösen Russland, im frommen Mexico, bei afrikanischen Schamanen oder an Orten in Deutschland wie

Kevelar oder Altötting, wird über Spontanremmissionen (medizinischer Begriff für unerklärliche Heilung) geredet. Wir verstehen es nicht und nennen es dann gern Wunder, eben weil wir uns wundern und der Verstand keine plausible Begründung geben kann. Wir können es nicht messen, nicht wiederholen und nicht sehen, wohl aber mit unserem Spürbewusstsein wahrnehmen, eher leise und zaghaft und bleiben dabei unsicher in der Lebensrealität der Logik. Wir trauen diesem zaghaften Spürbewusstsein nicht, weil es nicht logisch erscheint. Genauso marginalisieren wir Trauminhalte, die für Betreffende vollkommen evident sein können und deshalb wirken. *(Weissagungs- Heilungs- Todes- Warnträume)* Wie schön wäre es, wenn wir neben den wissenschaftlichen Erkenntnissen parallel die beobachtbaren Ergebnisse wertfrei tolerieren könnten. Die nachgewiesenen Schwingungspotentiale der Quantenphysik sind uns noch zu sehr fremd. Hier erinnere ich einen Spruch, den ich aus einer Tagung mit Medizinern erinnere: *„Die Physiker glauben längst wieder an Gott, nur die Ärzte glauben noch an die Physik."* Auch in Heilpraktiker- und Beratungspraxen kommt es zu unerwarteten Vorgängen von Heilung, die zwar erhofft und angestrebt waren, aber als Heilung doch überraschen und erfreut aber meist betroffen, staunend und dankbar erlebt werden.

Prana, Lebensenergie, Vis Vitalis. Begriffe, die versuchen universelle Lebenskraft zu beschreiben, die uns gegeben ist oder nicht. Wir brauchen nicht ins entfernte Ausland zu schauen. In Deutschland finden wir einen Heiler, dessen Lehre noch nach seinem Tode wirksam ist. Damals, in der Fünfziger Jahren, sind dem Heiler Bruno Gröning bis zu 30 000 Menschen zugelaufen. In Dokumentationen ist verbrieft, dass Blinde sehend wurden und Lahme gehen konnten. Ohne Behandlung oder Berührung, nur mit der Ansprache in Vortrag oder Begegnung. Auch heute noch, bei Filmvorführungen oder Vorträgen, geschehen Spontanheilungen. Eine Medizinisch Wissenschaftliche Fachgruppe (MWF) des Bruno Gröning Freundeskreises mit zurzeit weltweit mit mehr als 7000 Ärzten, Heilpraktikern, Psychologen und anderen medizinischen Berufen dokumentiert Heilungsgeschehen nach dem Standard von Befunderhebungen der internationalen Medizindokumentation. Hier spricht man von der *„Heilung auf geistigem Wege"*. In den von Ärzten für unheilbar erklärten Fällen, wird durch ein sich Hingeben, durch Bitten, durch Vermeiden von negativen Gedanken und durch das sich geistig Einstellen und Glauben an die göttliche Kraft solcherlei bewirkt. Heilstrom wird diese geistige Kraft im Freundeskreis genannt, wenn Genesung medizinisch nicht erklärbar ist und wenn die eigenen Selbstheilungskräfte beim einzelnen aktiviert wurden.

Seit Jahrzehnten ist diese gemeinnützige Organisation weltweit bemüht, sich den Heilungen zu widmen und hat aktuell am 23. Mai 2013 für ihre stetigen, nachhaltigen und ehrenamtlichen Bemühungen den Friedenspreis der UN erhalten. Vielleicht können eines Tages alle Menschen in einem neuen Medizinverständnis durch geistige Heilung selbst zur eigenen Genesung beitragen.

Aus der Kommunikationsforschung wissen wir, dass nur 5% über Worte zu vermitteln sind, 25% Wirkung auf den gegenüber geschehen durch die Art der Sprache selbst. (monoton, abgehackt, laut, melodisch, süffisant, betont, mit Dialekt, usw.) Wenn ein Berater selbst, natürlich unbewusst, ein kritisches Gesicht zeigt, etwa Stirnfalten oder herabgezogene Mundwinkel, während er über mögliche Therapieerfolge spricht, wird klar, dass der Klient abweisend und skeptisch reagieren wird, weil 75% durch Körpersprache ausgelöst eine angestrebte und beabsichtigte Wirkung der Worte zu löschen vermag. Die Botschaft wirkt

doppelt und wird widersprüchlich empfunden. Es geht darum eine qualitative verbindliche Beziehung eben als Bindung zu schaffen, von Fachleuten als Rapport benannt.
Die Forschungen von Dr. Servan Schreiber, Arzt und Psychiater *(Die neue emotionale Medizin)* zeigen, dass Arztbesuche bei 50 - 75 % der Patienten Stress und Angsthintergründe haben und in Bezug zur Sterblichkeit ein höheres Risiko haben als Rauchen. Der dänische Arzt Bucka Larsson weist in einer Studie nach, dass 2 / 3 der befragten Ärzte ihre Patienten im Gespräch bereits nach 15 Sekunden unterbrechen. Außerdem beschreibt er, dass Ängste der Patienten sich auch auf den Arzt übertragen.
Schon 1871, in der American Medical Association Gründungszeitschrift, heißt es, dass der Arzt nicht nur durch Handeln sondern auch durch Worte ein Patientenleben verkürzen könne. Also, ein geistiger Prozess *(vorher gedacht)* muss allem Handeln, auch diesem, zu Grunde liegen. So auch im deutschen Krankenkassenwesen, indem für Kassenpatienten nur 12 Minuten Gesprächszeit pro Quartal budgetiert werden. Die Medizin versündigt sich, weil sie sich von der Natur abgewendet hat.
(Dr. med. Blättner, leitender Arzt einer weltweit tätigen Ärzteorganisation)

Der Faktor Zeit im Gesprächskontakt ist aktuell die relevanteste Schwäche, weil keine echte Beziehung auf Augenhöhe entstehen kann, die Mistrauen und Skepsis entschärfen würde und so die individuellen Schutzfaktoren herausfinden könnte. Ein Wechsel der rationalistischen Medizin *(Risikobetrachtung)* zur empiristischen Medizin *(Befindlichkeitsbeachtung)* kann nicht stattfinden. Der Patient sucht in einer Allmachtsphantasie, hoffend auf Heilung, den Arzt auf und derselbe ist sich seiner Situation der eigenen Ohnmacht durchaus bewusst; wissend, dass er möglicherweise kurieren aber nicht selbst heilen kann.
Auch wenn man die mit dem Verstand schwer zu verstehende Prozesse einer Heilung in naiver Weise als Magie abzutun versucht, muss man zugestehen, dass die Magie die Wissenschaft der Energie ist, die man nicht löschen jedoch transformieren und nutzen kann. Energie geht nicht verloren. Die Summe aller Alltagsprobleme, die uns begegnen, bedeuten gemessen am „Weltall" nur etwa 0, 04 % des Gesamten. Eine aus der Alchemie entstandene Einsicht. Diese Alchemie, in naturnaher, ganzheitlicher Anschauung, will nicht wissen, sondern verstehen. *(Dr. med. Nawroki, Dipl. Psychologe, Alchemist)*
In Begegnungs- und Gesprächskontakten gilt es für die psychologischen Berater die individuellen Selbstheilungskräfte des Klienten aufzuspüren, anzuregen und zu aktivieren. So wird der betroffene Gesprächspartner zum Beteiligten. Das ist nur möglich in einem Zeitfenster von Vertrauen, Wertschätzung, Authentizität und der Entwicklungsmöglichkeit der Persönlichkeit, oft erst durch mehrstündige Kontakte möglich. Dazu ist meist eine Lebensumstellung des Ratsuchenden, Klienten oder Patienten erforderlich. Dazu könnte auch eine Empfehlung zu einem Apotheker gehören, der nebenwirkungsfreie Essenzen richtig dosiert herstellen kann. *(z. B. Bachblüten, Spagyrik, Homöopathie)* Neuerdings gilt eine Beratungspflicht für den Apotheker bzgl. der Wirkweise der Zusammensetzungen von Rezepturen. *(Fachzeitschrift für Erfahrungs- und Naturheilkunde, April 2013)*
In gemeinsamer Bemühung, ggf. auch mit Hinzuziehung eines Medizinexperten, können dann geistige Einstellung und Vertrauen wachsen. Alles wirkliche Leben ist Begegnung. *(Martin Buber)* Also, in Beziehungsqualität, dem Glauben an die geistige Kraft und den

göttlichen Heilstrom, gilt es mit spürendem Bewusstsein konzentriert zu handeln und der Gesundheit entgegen zu wachsen.
Die Schnittmengen aus Physik, Schamanismus, aus buddhistischem Dharma, der Leere der Tantriker und aus den Traumweisheiten der Aborigines lassen den geistigen Ursprung aller Geschehnisse erkennen. *(Arnold Mindell, Dr. der Psychologie, Magister der Physik, Analytiker, Bewusstseinsforscher)*
Geistheilung ist neutral und wertfrei gegenüber, Religion, Beruf, sozialer Schicht, Geschlecht, Kultur und Hierarchie- und oder Machtsituation. Gestalttherapie, Psychodrama, Katathymes Bilderleben, Traumanalyse, Hypnose, Kunsttherapie und andere anerkannte Methoden erkennen die auf geistigem Hintergrund wirkenden Identifikationen und geistigen Abläufe als kollektive und autonome Energie an. *(In England ist die Anwesenheit geistiger Heiler in Kliniken heute bereits selbstverständlich geworden).*

Besonders wichtig für den psychologischen Berater:
Wenn jemand ausschließlich die Selbstheilungskräfte des anderen anregt, benötigt er dazu keine Bestallung als Heilpraktiker. - Urteil des Bundesverfassungsgerichts vom 2. März 2004, AZ: 1 BvR 784 / 03
Quelle:(Counseling Journal, Berufsverband (BVPPT) für Beratung, Pädagogik und Psychotherapie, April 2011)

Literaturhinweis: **Tel: 02621 62186**

- Die Revolution in der Medizin, Dr. med. Kamp - Es gibt kein unheilbar, Reinhard Hofer
- Lions Heilpflanzenbuch, Geistig, energetische Bedeutung der Heilpflanzen, Elisabeth Loboda
- Das Fernsehinterview mit Chefarzt Dr. med. Vogelsberger zum Thema: Geistiges Heilen

Literaturtipps zur Resilienz

- Bilinski, Wolfgang: **Phönix aus der Asche**. - Resilienz, wie erfolgreiche Menschen die Krisen meistern
- Gruhl, Monika **Strategie der Stehauf - Menschen**
- Rampe, Micheline: **Der R - Faktor** - Das Geheimnis innerer Stärke
- Wellensiek, Sylvia Kéré: **Handbuch Resilienz - Training**: Widerstandskraft und Flexibilität für Unternehmen und Mitarbeiter
- Berg, Fabienne: **Übungsbuch Resilienz** 50 - praktische Übungen gegen Traumata
- Lumma, Melanie: **Resilienz,** Arbeitsansätze zur Entwicklung von Widerstandskraft - Halbjahresbuch Humanistische Psychologie, 2007

Veröffentlichungen:

- Dieter Loboda: Resilienz, die ungenutzte Kraft im Patientengespräch
- Beratungsgespräche für Heilpraktiker
- Spürbewusstsein, Imagination und geistige Heilung
- Träume in der Sprechstunde VFP Magazin
- Was ist moderne Hypnose
- Bedeutung von Resonanz und Resilienz in Gruppen
- Rhythmus finden und effektiver arbeiten Junfermann Verlag
- Burn Out Prophilaxe für Heilberufe
  (VfP Zeitung Berufsverband freie Psychotherapie– Paracelsus CO. med. Zeitung für Komplementärmedizin)

- Dieter Loboda Pädagogische Psychotherapie in der Mitarbeiterführung eines internationalen Konzerns *Zeitschrift Psychologie*
- Dieter Loboda, Bildunterstützes Coaching
  Fotos, Träume, Arbeitsplätze, Verlag Dr. Köster, Berlin
- Dieter Loboda Was Träume sagen wenn wir sie fragen
  120 Fragen für die häusliche Diagnose, Fragespiegel, Traumbeispiele, Symbole, Typen, Arten, Beratung (Nur im Selbstverlag)
- Dieter Loboda Traumbotschaft für Beruf und Gesundheit *(Trainer Verlag)*
- Dieter Loboda Wenn wir die Traume fragen – Lebens (t) Räume - *Fliege Magazin*
- Dieter Loboda, Der Dynamo in Coaching- und Beratungssituationen
  Resonanz & Resilienz, natürliche, gehirngerechte Impulse in der Verständigung(Nur im Selbstverlag)

Ergänzende Literatur:

- Die Kunst der Wahrnehmung, John O. Stevens
- Imagination als heilsame Kraft in Alter, Luise Reddemann
- Die Heilkraft der Träume, Dr. Helmut Hark
- Gruppenimagination, Hanscarl Leuner
- Interaktionelle Kunst- und Gestaltungstherapie, Elisabeth Tomalin & Prof. Schauwecker
- Heilen durch Malen, Gregg M. Furth
- Das Ich im Bild, Prof. Gisela Schmeer
- Gesund durch die Kraft der Vorstellung, Titze
- Die heilende Kraft des Lachens, Eppstein
- Hypnose in der Psychotherapie, Revensdorf
- Die Fee, das Tier und der Freund, Kaiser Rekkas
- Art Therapie, Dr. Klaus Lumma
- Die Botschaft der weisen Alten *(die 13 Großmütter)* Carol Schaefer
- Die Revolution in der Medizin, Dr. med. Kamp

Resilienz – die unterschätzte Kraftquelle in Patientengesprächen

Die Fähigkeit, psychologisch und physiologisch schwierige Lebenssituationen und Krisen zu überstehen und stabil zu bleiben, ohne das positive Selbstwertgefühl zu verlieren. So könnte die Definition zur Resilienz lauten.

Diese Widerstandskraft (Überlebenstrieb) wird im Laufe des Lebens geprägt. Sie ist wiederholt notwendig, um schwierige Situationen zu überstehen, an vielfältigsten Rückschlägen zu lernen und daran zu wachsen. Arbeitslosigkeit, Scheidung, langwierige Heilungsverläufe oder endgültige Diagnosen mit schlechter Prognose, Todesfälle, Pflegebedürftigkeit könnten Beispiele dafür sein, warum die in Bildern gespeicherte Resilienz Kraft zum Weiterleben in sich birgt. Früh im Leben werden in Zeitphasen die Grundlagen dafür gelegt (nach Pamela Lewin):

Die Kraft zu sein! **Ich habe das Recht, hier zu sein.** Bis 6 Monate

Die Kraft des Tuns! **Ich habe die Kraft, zu handeln.** 6 bis18 Monate

Die Kraft des Denkens! **Ich besitze die Fähigkeit, selbstständig zu denken.** 18 Monate bis 3 Jahre

Kraft der Identität! **Ich kann meine eigene Identität entwickeln.** 3 bis 6 Jahre

Die Kraft zur Geschicklichkeit! **Ich kann Fähigkeiten entwickeln, die ich brauche.** 6 bis 12 Jahre

Die Kraft zur Erneuerung! **Ich kann in Liebe gehen.** 12 bis 19 Jahre

Die Kraft zum Recycling! **Jetzt ist meine Zeit.** Beginnt mit dem 19. Jahr,

Jeder Mensch verfügt über reichhaltige, positive, innere Bilder. Prof. Hüther, Hirnforscher: „Diese Ressourcen müssen nur durch Imagination (unabhängig von Alter, Geschlecht und Kultur) berührt werden, um aktiv nutzbar zu sein."

Prof. Dr. med. Luise Reddemann: „Die Achtsamkeit, wie sie Kabbat Zinn befürwortet, Bewusstheit, die Fritz Perls bedacht und angeregt hat, die Fähigkeit zur Imagination, die Milton Erikson entwickeln konnte, ebenso die Nutzung aller Sinne, die durch NLP (Neuro-Linguistisches Programmieren) bekannt wurde, sind einige Beispiele, um zu verstehen, wie Resilienzressourcen nutzbar gemacht werden können. Die Kunst ist, die Individualität des Einzelnen zu berücksichtigen, weil jeder Mensch sein eigenes Potenzial im Kontext mit Zeitbedarf, Auffassungsgabe, Mut, Empathie, Erfahrung, Umfeldfaktoren, Familiensituation, Selbstwertgefühl, Veränderungsbereitschaft, Leidensdruck, Alter und Einsichtsfähigkeit oder/und ein bereits vorliegendes Krankheitsbild mitbringt. Naturgemäß sind Auswirkungen unterschiedlich. Ein erkrankter Musiker kann sehr wohl noch ein Instrument spielen, hingegen ein Sänger, der seine Stimme verliert, kann nicht mehr auftreten, ist gar berufsunfähig. Stellen Sie sich vor, welch unterschiedlicher Ausdruck bei diesen Betroffenen bei ihren inneren Bildern zutage träten wenn sie ihre Situation bildlich (kreativ, ganzheitlich, beidhirnig) ausdrücken würden. Die mythischen, mystischen, rationalen, symbolischen und kollektiven Energien der Bilder könnten stabilisieren Weg weisen, ohne sich guter Ratschläge (verbal) erwehren zu müssen. Das authentische Evidenzgefühl ist die auslösende Erkenntnis zum Loslassen, Durchhalten, neu Orientieren, Verzeihen, Hoffnungschöpfen, Motivieren, Vertrauen als die Elemente elementarer Anforderungen in Lebenskrisen."

Dazu braucht es Ermutigung: Alfred Adler, Individualpsychologe und Arzt: „In Phasen der Verunsicherung und der Bemühung um Verbesserung erschwerter und belasteter Lebenssituationen liegt der Schlüssel, wie so oft, in der viel beschriebenen Kommunikation. Eine unabdingbare Fähigkeit zum Rapport (Kontakt) des Betroffenen. Nicht immer bestehen die eigenen Fähigkeiten, wie Prof. Carl Rogers sie beschrieben hat, indem er die Eigenverantwortlichkeit des Klienten als Hauptkompetenz anspricht."

Kommunikation ist ein unfreiwilliger, psycho-sozialer Eingriff in ein autonom, archetypisch, hormonell, immunologisch, sich selbstständig änderndes, multikomplexes, vegetatives System, welches in ständigem „Denken in Bildern" geschieht (ca. 9000 pro Tag – 3 Millionen pro Jahr).

Das heißt

- Drei Worte eines Chefs am Telefon: „Sie sind entlassen." Sie lösen etwas aus, ob der Chef will oder nicht. Herzklopfen, Schweiß auf der Stirn, nasse Hände, Schluckreflex, Angst, Unsicherheit, Ärger, Wut, Verzweiflung oder auch Erleichterung usw.
- Eine Frau sieht sich mit einem klugen, aufrecht und echt gemeinten Kompliment beglückt und während sie lächelt, errötet sie heftig. Obwohl sie es bemerkt, ist ihr willentlich nicht möglich das Erröten zu

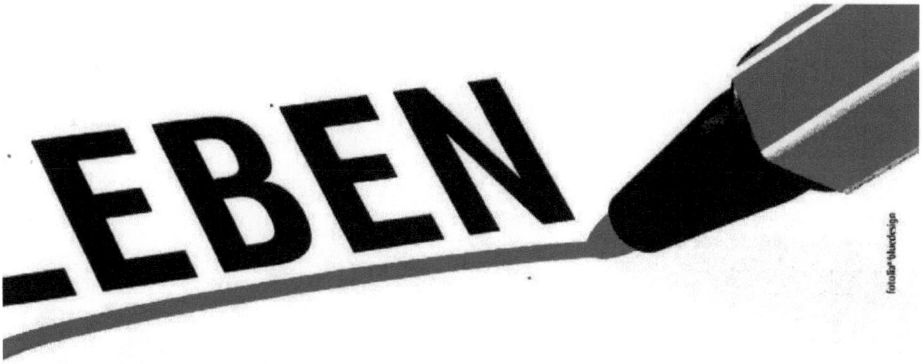

fotolia®bluedesign

Dieser unbewusste kommunikative Eingriff in das System einer anderen Person, wird besonders deutlich bei der Befragung von Patienten, die unmittelbar nach einer Krebsdiagnose vor der Tür des Sprechzimmers nach eben derselben befragt wurden. Sie konnten die Diagnose Minuten nach deren Bekanntgabe nicht erinnern (unbewusster Verdrängungsprozess).

• Eine Lehrerin sagt zu einer elfjährigen Schülerin: „Wenn deine Eltern Akademiker wären; hätte aus dir echt etwas werden können." Die Schülerin wird möglicherweise die Kränkung nicht überwinden und von da an „mittelmäßige" Leistungen erbringen. So können Selbstwertgefühl und Selbstvertrauen nachhaltig geschwächt werden, ohne dass die Lehrerin sich dessen bewusst sein muss. Schließlich tut sie ihre Pflicht im politisch geprägten Schulsystem. Die Schülerin wird sich anstrengen bis zum Burnout. (Burnout wird oft in der Kindheit begründet: Schulze, Stressforschungsinstitut, Zürich)

Was müsste also im Heilpraktiker-Patienten-Gespräch geschehen, um die Ressourcen der Resilienz durch die inneren Bilder z. B. bei einem chronisch Kranken (metabolisches Syndrom) oder bei jemandem, der depressiv verstimmt ist, zu stimulieren? Offensichtlich haben hier bisherige verbale Ermahnungen, gute Ratschläge, Untersuchungsbefunde, wiederholte Erkrankungen nicht das gewünschte Ergebnis gebracht.

Zwei Beispiele: Die Nutzung eines Traums, der wunderbar bildhaft auf eine Verbesserung hindeutet und das Bild eines Arbeitslosen. Anhand der Bilder (visueller Sinneskanal) können durch offene, sinnbezogene und wertfreie Fragen vertiefte Gespräche verantwortlich gesteuert werden, frei von Vermutungen und Behauptungen.

Fall 1: Meine Patientin: Frau M., 54 Jahre, Schlafstörungen, chronisch rezidivierende Bronchitis, Adipositas, Diabetes, (HbA1c bei 11.5), Arthritis, Bluthochdruck.

Sie träumt seit fünf Jahren denselben Traum – er beschäftig sie, aber sie versteht ihn nicht. Ihr Arzt ermahnt sie, sich dringend einer Kur zu unterziehen, die sie verweigert.

Ihr Traum: „Ich muss durch einen dunklen Tunnel, am Ende sehe ich ein Licht. Hinter mir ein unbekannter Mann im weißen Kittel. Am Ende steht ein Tisch mit einer Schale mit Erdbeeren und mehreren kleinen Schälchen. Mein Partner schaut interessiert." Wiederkehrende Träume sind existenziell (C. G. Jung). Wir besprechen den Traum.

Zum zweiten Gespräch bringt sie Erdbeeren mit in die Praxis.

Vier Männer, der Arzt im weißen Kittel, ihr Partner und der Therapeut zeigen ihr, was zu tun ist. Ihr ewiges Zögern (Anima) steht in einem Gegensatz zur fehlenden Entscheidungsfähigkeit (Animus), endlich eigene Verantwortung zu übernehmen. Sie versteht jetzt, dass sie ihre eigene Männlichkeit entwickeln darf. Die Angst vor dem Mann im Tunnel schwindet. Es ist der Arzt, der sie zur Kur begleitet und auch in der Kur begleiten wird. Die Visualisierung des Traumbildes löst ihre Handlung aus.

Fall 2: Herr A., 56 Jahre, seit 13 Monaten arbeitslos. Er geht wie immer morgens aus dem Haus und tut, als ob alles wie früher wäre. Er fühlt sich wertlos, schläft schlecht, ist häufig infektiös, mutlos und ohne Aktivität. Er kann sich nicht mehr freuen. Seine Kinder weinen oft und seine Frau ist angespannt und nörgelt. Die Ehe scheint gefährdet. Seine Freunde haben den Kontakt verringert. Er hat bereits zwanzig Sitzungen Gesprächstherapie hinter sich.

Verstandeslogisch ist ihm jegliches Argument realistischer Lageeinschätzung zugänglich, es geht ihm aber nicht besser.

Nachdem er sein „inneres" Bild visualisiert hat – paddelt vergebens in einem Wasserloch – ist ein neuer Kontakt zu Ressourcen und Resilienzfaktoren möglich. Wetterlagen vergehen und die Sonne kommt wieder, außerdem ist er ein guter Schwimmer. In der Ferne warten schon Menschen auf dem Weg zum Regenbogen. Er nimmt Tage danach Kontakt zu Kollegen auf, um mit anderen Firmen in Kontakt zu kommen; öffnet sich seiner Frau, mit der er oft Sonnenuntergänge beobachtet hat. Das Leben ist ein lebendiger Prozess von Auf und Ab und es besteht aus Begegnungen, auf die bereits die sichtbaren Spuren hinweisen.

Die inneren Bilder in uns gleichen einer Grundmelodie des Lebens, egal ob sie in Dur oder Moll angelegt ist. Es geht darum, sich damit in Resonanz zu begeben und intuitiv zu erspüren. Albert Einstein hat es folgendermaßen ausgedrückt: „Ein Freund ist jemand, der die Melodie deiner Seele kennt und sie dir vorspielt, wenn du sie vergessen hast." So gelänge ein professionelles und ermutigendes Patientengespräch in der Heilpraktikerpraxis mit der Wiederbelebung schlummernder Resilienzkräfte.

Dieter Loboda
Counselor grad., Dozent, Buchautor, Medical Journalist
info@learnline-loboda.de

Krisen besser meistern

Mit inneren Bildern die Resilienz fördern

Ich bin froh, dass ich heil durch die Prüfung gekommen bin – jetzt soll ich noch irgendwas managen? Das ist doch etwas für die Industrie und für die Wirtschaft. Bei einem befreundeten Arzt mit 1300 Patient pro Quartal verstehe ich das, aber als Heilpraktiker? Da haben wir es bereits unverhofft, die innere Ansicht vom eigenen und fremden Berufsbild. Innere Anschauung bestimmt weitgehend unser gesamtes Denken, noch ehe wir Dinge mit dem Verstand zu analysieren versuchen.

Wir denken in Bildern. Etwa 600 Bilder pro Stunde, 9000 pro Tag, 63.000 pro Woche usw. – so ist unser Denkapparat. Alle Bilder werden multi-codiert gespeichert und bleiben abrufbar. Diese Fähigkeit kann der Mensch nutzen, um in Krisensituationen der Stressfalle zu entgehen. Durch das gezielte Aufrufen von im Unterbewussten abgespeicherten positiven Bildern bzw. Erlebnissen kann man Mut und Kraft schöpfen. Eine weitere Methode für das Resilienztraining ist das sogenannte bildunterstützte Coaching. Hier wird die unangenehme Situation vom Hilfesuchenden aufgemalt und mit dem Therapeuten oder in der Gruppe gelöst.

Krisen können jeden treffen

Wie finden wir denn zu unserem Beruf? Begabungen, Empfehlungen von Eltern,

Dieter Loboda

Lehrern, Chefs, das Vorhandensein einer Stelle oder familiäre Tradition können die Entscheidung beeinflussen. Ob das später ausreicht, im ausgewählten Beruf erfolgreich und sogar glücklich zu werden, steht jedoch nicht allein in eigener Macht. Unternehmen können Konkurs gehen, Berufsbilder verändern sich stark oder verschwinden ganz vom Markt. Globalisierung erfordert internationale Vernetzung und völlig veränderte Berufsbilder. (Wie viele Sprachen müssten ein praktischer Arzt oder eine Heilpraktikerin beherrschen, um in einer aktuellen Flüchtlingssituation in einer Gemeinde professionell handeln zu können?) Eine Vielzahl weiterer Beispiele ließe sich bereitstellen; eines haben vermutlich alle gemeinsam: Sie erfordern den Umgang mit den emotionalen Auswirkungen in Krisen, Berufswechsel, Krankheit, Leistungsdruck, bei Umzügen, bei Wiederholung einer Prüfung, bei Zweifeln zu Beginn einer Selbständigkeit oder bei mangelnder Frequentierung durch Patienten. Möglicherweise wirken sich solcherlei Situationen auf das Selbstwertgefühl aus, besonders wenn das Selbstbild eine Bestätigung für Versagen liefern könnte.

Resilienz – das „seelische Immunsystem"

Betriebswirtschaftliche Analyse, Organisationsstrukturen und Personalführung können die Notwendigkeit von Management begründen. Wenn jedoch etwas scheitert, dann meist nicht durch formale Ereignisse, für die Beratung in unterschiedlichsten Formen bereit stehen. Kurz gesagt, für rationale, linksgehirnige, logische Angelegenheiten und den Verstand scheint alles geregelt. Was aber ist, wenn die individuellen und nicht vorhersagbaren alltäglichen Anforderungen und Auswirkungen, die sich nicht mathematisch in Effektivität und Effizienz messen und einordnen lassen, dynamisch verlaufen? Aus der Forschung wissen wir heute, dass die Industrie beginnt die Resilienz in Organisationen zu untersuchen. Abgeleitet aus der Ökonomie, etwa der Beobachtung, dass ganze Ländereien nach Verödung sich durch die Natur selbst wieder erholen. Diese Kräfte möchte man gern nutzen.

Resilienz meint also eine „biologisch erlernte Widerstandskraft gegen Krisen". Eben jene bewundernswerte Verhaltenseigenschaft derjenigen, die trotz herber Rückschläge ihre Belastbarkeit nicht verlieren, ja sogar Mut aus Niederlagen schöpfen können. Etwas, was durch Managementtechniken nicht berührt werden kann. Auch in bestens organisierten Unternehmen mit gutem Management finden sich krankheitsbedingt ansteigende Fehltage und Menschen, die versagen und mit Leistung steigernden Medikamenten versehen, ihren Alltag zu bewältigen suchen. Resiliente haben keinen Stress!

Erlernen der Resilienz mit Bildunterstützem Coaching

Dr. med. Alfred Adler hat schon in frühen Jahren (ca. 1920) die Ermutigung als wesentlichen Bestandteil von Vertrauen und Beziehungsqualität zwischen Menschen nachgewiesen. Was die Bedeutung des Unbewussten angeht, hat Carl Gustav Jung Folgendes resümiert: „Wer nach außen schaut, träumt, wer nach innen blickt, erwacht". In diesem Sinne müssen wir auf die in uns abgespeicherten positiven Bilder achten, von denen Prof. Luise Reddemann sagt, dass wir sie berühren müssen, um sie zu nutzen. Sie ist einig mit Prof. Hüther, der vom Vorhandensein genügend positiver, innerer Bildern in uns spricht.

Um es zu ergänzen: Ohne Hinwendung zu den zu lernenden Reizen geschieht nichts, so Prof. Spitzer. Es gilt also mit bewährten Techniken in Krisensituationen die im Unbewussten gespeicherten Bilder abzurufen, um bewusst und autonom „resilient" (optimistisch, akzeptierend, vernetzt) handeln zu können. Das kann man lernen, genau wie Theorien der Managementtechniken.

Im Praxisbuch „Bildunterstützes Coaching" im Verlag für wissenschaftliche Veröffentlichungen Berlin, ist u.a. die

Abbildung 1

effektive Kreativmethode des Malens beschrieben und mit konkreten Beispielen und Anleitungen aus Gesundheitswesen, Verwaltung, Unternehmen und Akademien, auch der Arbeitsagentur, für den Alltag gesammelt. Durch Resonanz (Spiegelneuronen) auf die gemalten Situationen wird projektionsfreie Zusammenarbeit möglich und Widerstände werden überraschend leicht aufgelöst. Wichtig! Es gibt keine Einwände gegen Malen, es sei denn, jemand kann es oder will es nicht, so Prof. Benedetti, Direktor der Deutschen Kunsttherapie.

In ▶ Tabelle 1 sind verschiedene Techniken zum Abrufen im Unterbewussten gespeicherter Bilder aufgezählt. Dazu ein Beispiel für „Früherinnerungen": Ein Fünfjähriger macht mit dem Vater eine Radtour, der sich verfährt. Der Bub empfindet zeitgleich Angst und Stolz, weil er selbst den Weg kennt und erlebt die Ermutigung durch den Vater. Das bleibt verankert als Resilienz.

Beispiele für „Bildunterstützes Coaching": Ein Klinikchef wird ermutigt, sich auf das Malen einzulassen. Er zeichnet ein Zirkuszelt mit einer kleinen bunten Blume, die sich außerhalb befindet (▶ Abb. 1). Danach kann er aussprechen, dass er seine berufliche Situation wie im Zirkus empfindet. Niemals würde er im Gespräch mit den Kollegen eine solch intime Wahrnehmung zulassen. Nur außerhalb der Klinik findet er Gelegenheit seine Kräfte zu spüren. Die kleine Blume draußen, zeigt den Weg zur Regeneration. Der Klinikchef berichtet auch, dass er eigentlich wie ein Dompteur im Löwenkäfig handeln müsste, aber seine Werkzeuge aus der Pudeldressur stammen.

Egal, welche Methode für das Abrufen innerer Bilder angewendet wird, stets kommt es auf die richtigen Fragen an. Die Hauptbereiche, in denen Resilienzen schlummern, sind: Psychologie und Vitalität, kognitive Einstellung, Emotion und Gefühl, System und Hormone, Sexualität und Sinnlichkeit. Diese Themenbereiche gilt es durch das richtige Fragen zu berühren. Die inneren Bilder, die dann entstehen, weisen den Weg zum professionellen Alltagsmanagement in der Praxis.

Folgende Fragestellungen könnten für Behandelnde und Patienten hilfreich sein. Kenne ich genügend Beispiele für eigene Selbstwirksamkeit? An welcher Stelle gibt es Mangel? Stecke ich in Grübelattacken? Bin ich emotional labil? Bin ich körperlich schwächlich? Welche Gefühlswelt ist zu wenig repräsentiert? Bin ich bei Umgebungsreizen häufig gestört? Wie gehe ich mit sinnlich, sexuell bedingten Mängeln um? Welche Märchenfigur (Identifikation) bestimmt mein Handeln mit? Kann ich im normalen Alltag Dankbarkeit empfinden? Habe ich häufiger Infektionen, Schlafstörung oder Durchfälle? Gibt es soziale und verbindliche, dauerhafte Beziehungen? Passt mein Arbeitsplatz zu meinen Fähigkeiten? Nutze ich Meditation und Coaching? Diese Techniken sind bei der Mittelrheinischen Akademie für Coaching und Beratung® zu erlernen. Telefoncoaching ist möglich.

Methodische Interventionen	
Früherinnerungen	7 Erlebnisse aus der Kindheit abrufen und in den Alltag transferieren
Zeitachsenmodell	Bodenanker positiver Ressourcen betreten aus der Lebensbiographie
EFT Klopftechnik	Akupressurpunkte affirmativ, rhythmisch, wiederkehrend klopfen
Talismannstrategie	Sorgfältig ausgewählter Gegenstand zur Mitnahme
Magischer Kreis	Körperlich verankerte Fähigkeiten sofort imaginär abrufbar haben
Visueller Energiekuchen	Beruf, Liebe, Angst als Grafik zum Energieverbrauch, nicht in Zeit
Shadowing	Partnerschaftliche Begleitung im Alltag mit kollegialer Supervision
Skulptur	Meditative Tonskulptur und kollegiales Feedback
Selbsthypnose	Lernanleitung zur unbewussten Kontrolle und Steuerung störender Impulse
Bildunterstützes Coaching	gemalte Situation wird mit Antwortbildern der Gruppe gelöst

Info: Das Lernangebot findet innerhalb einer Ausbildung „Von der Fach- und Führungskraft zum Mitarbeitercoaching" in Koblenz statt. Beginn 29. 30. 31. Januar 2016.

Dieter Loboda
Counselor grad., Dozent, Buchautor, fr. Medical Journalist
Südallee 60
56068 Koblenz
Tel: 02621-62186
www.mac-koblenz.jimdo.com

MIX
Papier aus verantwortungsvollen Quellen
Paper from responsible sources
FSC® C105338

Printed by Books on Demand GmbH, Norderstedt / Germany